战略解读下的外交博弈
文化视野里的大国崛起

U0616627

不仅是铁血

德意志帝国统一启示录

王颂 ⊙ 编著

民主与建设出版社

图书在版编目（CIP）数据

不仅是铁血：德意志帝国统一启示录 / 王颂编著 .
—北京：民主与建设出版社，2015.4

ISBN 978-7-5139-0624-1

Ⅰ . ①不… Ⅱ . ①王… Ⅲ . ①德意志帝国—历史
Ⅳ . ①K516.42

中国版本图书馆 CIP 数据核字（2015）第 067288 号

不仅是铁血——德意志帝国统一启示录

出 版 人	许久文
编 著	王 颂
责任编辑	程 旭
封面设计	逸品文化
出版发行	民主与建设出版社有限责任公司
电 话	（010）59417747 59419778
社 址	北京市朝阳区阜通东大街融科望京中心 B 座 601 室
邮 编	100102
印 刷	北京明月印务有限责任公司
版 次	2015 年 6 月第 1 版 2015 年 6 月第 1 次印刷
开 本	710×1000mm 1/16
印 张	14
字 数	175 千字
书 号	ISBN 978-7-5139-0624-1
定 价	35.00 元

注：如有印、装质量问题，请与出版社联系。

楔子

公元 1871 年的 1 月 17 日，在巴黎郊外鼎鼎大名的凡尔赛宫中，一场奇特的较量正围绕着一个修辞格的有无，在普鲁士的国王与首相之间激烈地进行着。

争执的起因在于普鲁士国王威廉一世坚持别人称呼自己为"德意志的皇帝"（Kaiser von Deutschland），而首相奥托·冯·俾斯麦却坚持要去掉那个"的"，称呼为"德意志皇帝"（Deutscher Kaiser）。两个称呼最明显的区别是要不要那个 von（中文译作"冯"），别小看这一字之差，德国君主对于有关 von 的称谓可是非常在意，为了拥有这个字甚至不惜让成千上万的人头落地。但俾斯麦如此地违逆上意，也自有其道理。Kaiser von Deutschland 意思是德意志的皇帝，这个名字很可能会让德意志的诸公国、王国感到不爽，因为 Deutschland 的含义比较侧重于土地，这有宣告全德国的领土都属于威廉一世的意味，而德意志皇帝则顺耳的多，因为德意志的概念比较虚，比如民族、文化什么的。这似乎并非是一个很严重的争执。更何况，首相和国王顶牛也不是第一次了。可是，这次国王却起了牛劲，坚持要那个

▲ 德意志帝国首相奥托·冯·俾斯麦

"的"，如果不给，他就不当什么劳什子德国皇帝。何止是不当德国皇帝，连普鲁士国王也不当了。总之，彻底甩手不干，你们爱找谁当找谁当。

对俾斯麦来说，这真是一个棘手的时刻。虽然巴黎仍在抵抗，但留给法国人的时间已经不多。整个欧洲已经不会再有人质疑普鲁士即将在这场战争中大获全胜。第二天，就在凡尔赛宫的镜厅，在早已筹备就绪的盛大仪式和狂热欢呼中，一个新的国家即将崛起于欧洲的中心，彻底改写数百年来的欧洲政治地图。可是这个大国的皇帝却因为一个修辞格的分歧而拒绝登基。

这个时候，找不到第二个人能够比这位首相更加清楚，他们这群人最终走到这里是多么的艰难。也同样只有他才能最终解决这个棘手的问题。在介绍这个问题最终如何解决之前，我们还是先把时光的指针回拨千年，去寻找另一个更前提性的问题的答案：为什么这些以普鲁士为首的德意志人要在法国的凡尔赛宫宣布建立自己的新国家。

第一章

千年统一路

曾经的帝国

如果你认为德国在俾斯麦之前就是一盘散沙，在1871年才实现德意志的第一次统一，那就错了。因为在此之前，还出现过一个"德意志民族神圣罗马帝国"，也就是所谓的德意志第一帝国，俾斯麦所建立的是德意志第二帝国，至于第三帝国，学过一点历史的人都知道，就是希特勒的纳粹德国的自我标榜。

溯本求源，我们先从"德意志"这个名称的来源说起。"德意志"的概念是在公元8世纪的时候才产生的，起先是指日耳曼人建立的法兰克王国东部地区人们所使用的语言。这个词的本意为"人民所说的语言"（与学者所说的语言——"拉丁语"相对应）。而法兰克王国的一代雄主查理曼大帝则是这个"神圣罗马帝国"的奠基人。公元800年，由罗马教皇利奥三世加冕其为神圣罗马帝国开国皇帝，号为罗马人皇帝，并获得刻有"罗马帝国再生"字样的帝玺。其正式称号为"上帝所祝圣的最和蔼的奥古斯都，罗马人民伟大而爱好和平的皇帝，上帝恩赐并为之祝圣的法兰克和伦巴底国王"。公元814年查理曼大帝去世后，法兰克王国分裂——国界主要与早期中世纪法语与古高地德语之间的分界线相当。逐渐地，东部居民产生了共同的归属感，认为

▲ 查理曼大帝

凡是说德语的地方就应该是"德国"。

　　一般以法兰克国王康拉德一世称帝的911年作为东法兰克王国向德意志帝国的过渡。因为康拉德一世的出身，他当时的正式称号先是"法兰克国王"，后称"罗马国王"。那么如何由国王变为皇帝？这就轮到德意志的另一位雄主登场了，他就是奥托大帝。

公元 10 世纪初,东法兰克王国(德意志王国)已形成若干大公国,包括萨克森、法兰克尼亚、巴伐利亚、士瓦本、洛林、图林根等,其中以萨克森公国最大。919 年,奥托的父亲、萨克森公爵"捕鸟者"亨利一世被选为德意志国王(据说这位仁兄在外出捕鸟时得到通知自己被选为国王,所以有了这个绰号)。他上台时,诸侯坐大,同时异教徒马扎尔人(匈牙利人)已经从遥远的东方来到这里开始威胁德意志甚至欧洲。国家无论对内对外政策都要做出一番大调整才能巩固和扩展王室的中央政权。亨利一世力图把各公爵置于国王控制下,并建立了一支训练有素的武装力量。因为他的王权不是来自血缘,而是来自公爵们的选举(前任法兰克尼亚的康拉德也是因为加洛林王朝无嗣而被选举为国王的),他便声称自己是克洛维和查理曼的继承者,将王权归结到上帝的指示。更重要的是他在很早的时候就让儿子奥托为自己的继承人,变诸侯选举为家族继承,从而开启了萨克森王朝(也称奥托王朝)。他一生致力于维持德意志各公国间的同盟,抵御东欧马扎尔人的入侵,并建立了一支强大的军队。他的努力,为一个伟大时代的来临做好了充分的准备。

936 年,"捕鸟者"去世,奥托继其父为萨克森公爵,并于同年被选为德意志国王。当奥托成为新国王的时候,王权已经得到了很大的加强,他完全控制住了五大公国法兰克尼亚、萨克森、图林根、士瓦本、巴伐利亚。尤其要提到的是,奥托一世把收取城市市集捐税的权利交到德意志主教和教会手中,这样教会的势力在德意志得到了扩张,他试图在主教和公爵之间建立"均势",没想到日后教会和诸侯公爵相互利用为王权的式微埋下了隐患。奥托一生的功业融汇在一次次南征北战之中。他的武功可分成三大部分:平定德意志内部各公国的叛乱,巩固了德意志国家;打败东欧马扎尔人的入侵,并使帝国向东扩张;入侵意大利,操纵教皇,并加冕为皇帝。

让奥托一世青史留名的是 955 年的奥格斯堡战役,这场大战是德意志重骑兵对马扎尔轻骑兵的胜利。马扎尔人也是像匈奴一样的草原部落，他们不停地骚扰王国的东部边境。鏖战那天，在用强盾抵挡住了马扎尔人的万箭齐发后，奥托一世亲率大军依靠长枪重甲在近身战中取得了优势，将对抗变成了屠杀，马扎尔人从此一蹶不振。这样奥托一世保卫了基督教世界，并派教士向马扎尔人宣讲基督教。此后马扎尔人安定下来，一直威胁着欧洲的他们将成为它可靠的保卫者，被称为"基督教之盾"，使欧洲免遭亚洲草原部落的攻击——从13世纪的蒙古人入侵到17世纪的奥斯曼人的扩张。更要强调的是，匈牙利将在哈布斯堡王朝的发展史上发挥重要的作用。

962年2月2日，圣母玛丽亚节，教皇若望十二世在罗马圣彼得大教堂为奥托加冕，正式称号为"皇帝奥古斯都"。奥托从此成为"罗马帝国"的皇帝（不是"神圣罗马帝国"吗？别急，"神圣"这两个字要到巴巴罗萨执政时期的1157年才加上，是为了同"神圣教会"相抗衡，再加上"德意志民族"则要等到1512年，历史从来都是渐进发展的）。11天后，皇帝和教皇签订"奥托特权协定"，规定皇帝为教皇的保护者，教皇要忠于皇帝，教皇的产生要由皇帝决定。奥托初步使皇权居于教权之上。后来，为维持他对教皇的控制，他又两度进军罗马。虽然奥托雄才大略，但是也不得不对教会做出很大让步。为了牵制各诸侯，奥托明令主教教区为采邑，主教享有领主的一切世俗权利，即在这些领地上的政治、经济、司法权。此时教会已经俨然成为德意志王国内部的又一诸侯了。

讲述中世纪欧洲的王权就一定离不开教权，这就像一枚硬币的两面。君主可以掌握国家的政治力量、军事力量，甚至经济命脉，却控制不了人的思想。皇帝谁都想做，但谁也不可能保证自己始终拥有绝对的政治经济军事优势，这时候，就非常需要一样东西——皇权的合法性。从查理·马特被教皇封为基督教的保护人，"丕平献土"建立教皇国，到查理曼由教皇加冕为皇帝，开创了法兰克王国加洛林王朝的这三代人很好地为我们诠释了如何通过"君权神授"来解决政权合法性的问题。今天你可以征服别人，明天就可能被别人征服，武力只能解决一时的问题，只有文化和宗教才能建立长久的王朝！法兰克的国王们知道光靠武力只能暂时性地征服异族，如果想长期统治一个多民族地区的话，必须实现一种精神和文化上的统一，而基督教是最好的选择。这就是为什么当今的欧盟能够建立和崛起，因为他们虽然文化不同，却有着共同的价值观。而亚洲国家共同体迟迟无法建立与缺乏共同的价值观有很大关系。曾有学者提出以大中华文化圈或儒家文化圈的文化纽带推动区域间政治经济共同体的建设，此议不无道理，只可惜这么多年来只听楼梯响，不见人下来。

奥托大帝和他的继位者观念中的王权是居于教权之上的。963年，因为权力斗争，奥托大帝废黜了才为其加冕的若望十二世，立利奥八世为教皇（顺便提一下，这位利奥八世此前只是一个普通教徒，一天之内经历了教士、主教和教皇之间的所有圣职，真正的"火箭式提拔"）。这也开了由皇帝决定教皇人选的先例，成为历史上皇帝与教皇长期斗争的序幕。但强弱之势总是不断转化的，到了亨利四世就不能保持国王优先于教皇的权力了。亨利四世与教皇格里高利七世关于主教任命权的斗争以他1077年赴卡萨诺的赎罪之行结束（亨利四世拿出"程门立雪"的精神在教皇居住的城堡外的冰天雪地中站立了三天，恳求教皇原谅他的一切罪过）。这是国王（皇帝）第一次以一种前所未有的姿态，将自己的地位置于精神领袖之下。从此以后，教皇和国王平起平坐。

接下来的霍亨斯陶芬王朝虽然貌似兴盛（霍亨斯陶芬家族发源于德意志的一个名叫斯陶芬的城堡。"霍亨"是表示"尊贵"的前缀，后来普鲁士王族的姓——霍亨索伦也是这样来的），但领土开始分裂，宗教的和世俗的诸侯成了拥有半主权的"邦君"。

而这一切都源于霍亨斯陶芬家族最有名的一位皇帝——腓特烈一

世。他是康拉德一世的侄子，人称红胡子腓特烈。由于红胡子在意大利语中发音是"巴巴罗萨"，所以腓特烈一世更多的时候被人叫做这个听起来很可爱的名字——巴巴罗萨。但巴巴罗萨其实并不可爱，他残暴无情，简直就是意大利人的梦魇。当时，人们纷纷传说是意大利人的鲜血染红了他的胡子，所以他才叫红胡子腓特烈。

他曾六次打入意大利。1153年他发动了第一次远征。在进军途中，他接到了教皇尤金三世的求救信，腓特烈加速进军镇压了这次由教士阿诺德领导的起义，以拯救者的身份进入罗马城。

但当教皇在为腓特烈加冕后坚持要腓特烈按照惯例为他牵马、扶镫时，腓特烈勃然大怒。在教皇看来，腓特烈的皇冠和帝国都得益于对教廷的谦恭；而腓特烈一直认为自己的王权直接来自于上帝。双方矛盾越来越升级，罗马人朝腓特烈吐唾沫，而腓特烈更浑，他直接把庆典会场变成了屠宰场，命骑士们一下杀了近千人。最终为了表示帝国的"神圣性"、皇权直接来源于上帝，腓特烈特意在"罗马帝国"前面加上"神圣"两字，至此"神圣罗马帝国"和"神圣罗马帝国皇帝"的称呼在历史上正式确立下来。

巴巴罗萨所到之处，望风逃窜归降者有之，宁死不屈对抗者有之。对于前者，他命令降者放弃自己的所有权利，关税、赋税的征收权，渔业、盐业和矿山的收益权，货币铸造权以及城市总督权都划归腓特烈所有；对于后者，巴巴罗萨还发明了许多惨无人道的酷刑，极尽折磨之能事。米兰是意大利的一座大城，那里的反抗最为激烈，攻下米兰后，他对全城进行大屠杀，并放火烧掉所有建筑。

意大利人对他深恶痛绝，米兰逃出来的男人们自发组织成"死亡兵团"，并联合北意大利城市结成伦巴德城市同盟。令人惊讶的是，教皇也参加进来（此前的历史，我们知道教皇总是请求德意志国王来意大利解救伦巴德人的进攻）。

1176年5月的一天，小镇莱尼亚诺，16 000人对8 000人，市民

▲ 神圣罗马帝国
国徽

组成的伦巴德军在人数上是皇帝军队的一倍，他们取得了决定性的胜利。这个战役让巴巴罗萨名誉扫地，独立的市民军队首次战胜了皇帝的骑士军队。城市从此真正有了独立权，为以后发展商品经济、最早出现资本主义萌芽甚至文艺复兴都扫除了障碍。更为重要的是，皇帝在与教皇的争斗中败下阵来，巴巴罗萨最后竟然屈辱地吻了教皇的脚。

回到德意志，巴巴罗萨把失败的原因归结到萨克森公爵狮子亨利身上。此前狮子亨利不仅不出兵，甚至连大子儿也不掏一个，反而将自己的势力扩展到易北河以东的土地。因此，狮子亨利被剥夺了所有封地，不得不逃到岳父英格兰国王亨利二世那里。

实际上狮子亨利大大扩展了德意志王国的地盘，他越过易北河，侵入斯拉夫人居住的地区——

梅克伦堡和波美拉尼亚，开启了德意志东部拓殖运动的序幕，此后的百年，勃兰登堡、普鲁士、波西米亚相继进入帝国版图，逐渐改变了德意志西部和西南部作为政治重心的局面。他还营建了未来在德意志历史上发挥重要作用的城市吕贝克、不伦瑞克和慕尼黑。

那么腓特烈为什么一定要征服意大利？原因有三：

第一，如果神圣罗马帝国不具空名的话，就必须占有意大利，意大利是原罗马帝国的核心区域，只有统辖罗马城，才能打击教皇的权势；

第二，意大利北部地区总是闹独立，闹分裂，非武力手段不能解决。而皇帝加冕，非经这里不可；

第三，意大利经济发达，城市富有，其财力可以维持雇佣军队，不受极不可靠的德意志封建主们的"兵援"挟制。

但是兵败如山倒，莱尼亚诺一役，皇帝势力受到极大削弱。虽然他惩治了狮子亨利，但德意志更多的亨利们已经因腓特烈长期忽视德意志内部事务而发展为独立政治体。不过，巴巴罗萨通过儿子的婚姻关系取得了西西里，帝国的重心仍旧朝意大利方向倾斜。他处心积虑地要从南、北两个方向包围教皇和意大利城市，挽回面子。

这也只是他的一厢情愿。1189 年，巴巴罗萨与英国的狮心王理查一世和法国的腓力二世一起进行了第三次十字军东征。然而，他时运不济，途经小亚细亚的萨列法河时，意外溺死（都怪该死的盔甲），没有能够到达圣地耶路撒冷。

后来德意志人将他的故事演绎得神乎其神，说他没有死，而是到了图林根（至今那里还有他的巨型山体雕像）。德意志人普遍相信将来有一天他会在正义的复仇中回来迎接基督教的千禧年。750 年后，希特勒的纳粹德国向苏联发起的规模空前的入侵便以"巴巴罗萨"命名，他试图用德意志历史上最有名的人物来唤起对"千年帝国"的希冀。

帝国王位继承的重大改变发生在 1356 年。卢森堡家族的查理四世皇帝为了谋求诸侯对其子继承王位的承认，在纽伦堡制定了著名的宪章"金玺诏书"，正式确认大封建诸侯选举"罗马人民的国王"的合法性。诏书以反对俗世的七宗罪（正式译名为七罪宗，属于人类恶行的分类，并由十三世纪道明会神父圣多玛斯·阿奎纳列举出各种恶行的表现，分别是骄傲、吝啬、迷色、忿怒、嫉妒、贪食、懒惰）为宗教依据，确立了帝国的七个选帝侯。他们分别是三个教会选帝侯：美因茨大主教，科隆大主教，特里尔大主教和四个世俗选帝侯：波西米亚国王、莱茵 - 普法尔茨伯爵、萨克森 - 符腾堡公爵、勃兰登堡藩侯。事实上，七选侯选举出来的人只能称"罗马人民的国王"，只有经过进军罗马，并由教皇加冕后的"罗马人民的国王"，才能使用"神圣罗马帝国皇帝"头衔。对于七大选侯来说，"金玺诏书"不仅认可他们选举"罗马人民的国王"的权力，而且认可他们对本国的绝对统治，把行政、司法、铸币、关税等权力完全移交他们，此后，皇帝再也无法从这些诸侯的税收里分一杯羹了。"金玺诏书"从法律上确认了帝国诸侯的封建体制，削弱了皇权。

1495 年，第一位没有加冕而继位的皇帝马克西米利安一世改革帝国，建立了帝国议会、帝国专区、帝国最高法院的新制度。改革的形式重于内容，却发展出了"皇帝与帝国"的二元制：一方面是帝国元首，另一方面是帝国阶层——选帝侯、侯爵和诸城市（城市经济力量的增长，使其地位日益重要，而城市为了保护共同的商业利益而结成的同盟更是举足轻重，如著名的"汉萨同盟"，加盟城市最多时达160 个，拥有武装和金库）。皇帝在选举时选择"屈从"，权力日渐削弱。与此同时，大邦侯爵的影响力却大大增强。这里有必要谈一下欧洲封建制度与中国的不同，对其著名的一句话概括是："国王附庸的附庸不是国王的附庸。"也就是说在欧洲，国王的权力不能直接到达国家的最底层，他只享有对最大诸侯的管理权。这与中国"溥天之下，莫

不仅是铁血
德意志帝国统一启示录

非王土；率土之滨，莫非王臣"的封建大一统制度可以说有天壤之别。由于诸侯领地内的内政都由诸侯自己管理，这就给了诸侯无比大的自主权。

随着帝国内部早期资本主义萌芽的出现，特别是受文艺复兴运动和人文主义思想的影响，针对天主教会各种弊端的批评思想开始觉醒，这种不满在马丁·路德的宗教改革中爆发。信仰分裂的时代到来了。

信仰分裂的时代

以反对教皇派人到德意志兜售赎罪券为导火线，1517年10月31日，马丁·路德发表了针对教会种种弊端的《九十五条论纲》，宗教改革由此开始。这次改革的结果远远超出了宗教范围，整个社会结构都为之改变。1525年的德意志农民起义提出了政治和社会要求，是德国历史上第一次大的革命运动。

宗教改革严重地打击了天主教的势力，剥夺了教会的精神专制权，在政治上进一步加强了德意志各邦诸侯的势力。各邦诸侯在1555年的《奥格斯堡宗教和约》中获得决定自己的臣民宗教信仰的权力。新教被承认同天主教平等，德意志五分之四的领土成为新教的范围。不久，查理五世的统治时代结束。他过度专注于外部角逐，却忽视了在德国内部的职守。从此以后，神圣罗马帝国陷入分崩离析。一边是"德意志民族神圣罗马帝国"范围内的德意志公国，另一边是西欧的民族国家，这就是十六世纪后半叶新的欧洲国家体系。然而宗教战争仍在继续，在反宗教改革中，天主教会又夺回了许多地区。宗教对立不断加剧，新教诸侯觊觎于旧教原有的财富和地产，纷纷寻找机会剥夺教会的财产，而旧教诸侯为了保护自身利益，为了自己的紧密盟友，也是誓死捍卫教会的利益，于是分别组成新教联盟（1608年）和天主教同盟（1609年），代表旧教的皇帝和他的支持者们，与新教的诸侯们展开了一场大战，史称三十年战争（1618~1648年）。

三十年战争对德意志的最终统一有着深远的影响，所以我们有必要回顾一下这场战争。此时的德意志帝国皇位已经由霍亨斯陶芬家族传到了哈布斯堡家族手中。说到哈布斯堡王朝，很多人首先想到的是奥地利、维也纳、美泉宫、金色大厅……可是这个被公认为欧洲最正统的皇室家族起源于瑞士山区的一伙骑士（再早则可以追溯到法国的阿尔萨斯）。说是骑士，其实跟匪徒也差不多，没少干打家劫舍的活儿。

那么，他们是怎么从瑞士转移到奥地利的呢？过程大致如下：哈布斯堡系瑞士北部阿尔高的一个城堡。1020年，拉德波特在此地建立了哈布斯堡（鹰堡）。于是这个家族就以这个城堡为名。而该家族成员也开始成为哈布斯堡伯爵。1218年，统治瑞士的策林根家族绝嗣，于是哈布斯堡家族趁机取得了瑞士大部分地区。这是哈布斯堡家族扩张的开始。1273年，哈布斯堡公爵鲁道夫一世当选"罗马人民的国王"，但这哥儿们一辈子也没有机会加冕为皇帝。鲁道夫一世有两个能征善战的儿子，还有七个迷人的女儿。为了赢得盟友，鲁道夫一世在哈布斯堡家族史上第一次使用了看家绝技——政治联姻！以后这个手段被其后代屡试不爽。以至于在欧洲只要有人提到哈布斯堡，人们就会想到这样一句格言：Bella gerant alii，tu felix Austria nube，Nam quae Mars aliis，dat tibi regne Venus. 什么意思呢？译成中文就是："让别人去打仗吧，你，幸福的奥地利，结婚去吧！战神马尔斯给别人的东西，爱神维纳斯会赐给你！"当然联姻不意味着就不打仗，有时甚至是为了打大仗。通过1278年的马尔什原野之战，鲁道夫一世夺取了被波希米亚国王奥托卡二世占有的奥地利与施蒂利希公国，并于1282年分封给自己的两个儿子阿尔布雷希特与小鲁道夫。自此奥地利划归哈布斯堡皇室拥有长达600余年，直至第一次世界大战战败为止。

　　以哈布斯堡王朝为首的天主教势力主要位于德国的南部、东南部和莱茵河中下游一带。而新教势力，主要位于德意志的北部和莱茵河上游。此时的帝国皇帝，哈布斯堡王朝，是一个横亘欧洲的霸主，拥有大半个欧洲，包括今天的德国、西班牙、奥地利、匈牙利（部分）、南斯拉夫、波兰、荷兰、意大利（部分）。而此时欧洲的另外一个大国——法国，则处在哈布斯堡王朝的重重包围之中，北方的强国瑞典，则压制了俄罗斯，希望扩大在波罗的海的霸权。对于哈布斯堡王朝这个出头鸟，各国都在暗暗地觊觎。

　　那么各国的力量对比又是怎样的呢？德意志的中央政权，奥地利哈布斯堡王朝和他们的同胞兄弟——西班牙哈布斯堡王朝，此时是江河日下。特别是西班牙，由于长期的争霸战争（和英格兰的海上霸权斗争以及对尼德兰的镇压）耗费了大量国家的财力，而国内商业与制造业又不发达（人们甚至耻于从事这些行业），加上不少领地都是财政自治，因而西班牙的财政往往是支出大于收入的两倍，而奥地利哈布斯堡王朝，在宗教改革之后，各路新教诸侯是明目张胆的反对他。

　　反观三十年战争中哈布斯堡王朝的主要对手——法国，从红衣主教黎塞留开始，通过执行重商主义，扶植资本主义的发展来达到建立中央集权、巩固封建皇权、削弱贵族势力的目的（后来的普鲁士也是走这个路子，可以说这是大部分欧洲国家建立封建集权的途径），皇权得到了加强，经济也有很大发展。

　　这就决定了哈布斯堡王朝的失败。一边是朽木将倾，众人皆欲推之，另一边则是红日当空，势不可挡，而这也昭示着德意志的噩梦——国外的干涉势力过于强大，导致国家统一希望的破裂。

　　先简要说说战争的过程。奥地利哈布斯堡王朝的马西亚斯皇帝为了巩固皇权与旧教的信仰，用强硬的手腕任命自己的表弟斐迪南为波西米亚的国王。而波西米亚已经是一个忠诚的新教国家，愤怒的新教徒反对这个任命，并将国王的宠臣扔出窗外，是为"掷出窗外事件"，并自己选举了普法尔茨的选帝侯为波西米亚国王。马西亚斯勃然大怒，一边向西班牙借兵，一边向天主教联盟以巴伐利亚为首的诸侯们借兵（这是一个很尴尬的事实，作为神圣罗马帝国的皇帝，德意志名义上的领袖，奥地利哈布斯堡王朝此时并没有常备军，当然这也是许多欧洲国家的状况，国王依靠的是雇佣军，但是空虚的国库又不允许哈布斯堡王朝招募雇佣军）。幸运的是尽管新教方面迅速集结了军队，却错失了直捣维也纳的机会，旧教军队在名将提利的指挥下，很快消灭了新教军队。西班牙的援军也很快撤离，后来由于尼德兰以及葡萄牙等方面的战事，西班牙一直没有能力再去帮助自己的盟友一把。

而此时，雄踞北方的丹麦应德意志新教诸侯的请求大举出兵（且丹麦国王本身也是德意志的荷尔斯坦因公国的公爵），威胁到皇帝的联盟。

此时皇帝仅有的兵力，是巴伐利亚公国的雇佣军，提利为统帅，这是远远不够的，而且也不是自己的兵。而就在国王惴惴不安的时候，天上掉下馅饼了。华伦斯坦，一名德意志化的捷克贵族，自散家财，组建自己的私家雇佣军，分毫不收皇帝的钱来主动为皇帝打天下。如果要在中国历史人物中给他找一个参照的话，那就是个活生生的曹孟德啊。当然，同曹孟德一样，华伦斯坦是有个人野心的，他的目标就是挟天子以令诸侯，用自己的军威一统德国！

当时德国的敌对势力有丹麦、新教诸侯曼斯菲尔德、还有得到奥斯曼土耳其帝国支持的特兰西瓦尼亚的国王加博。华伦斯坦避实击虚，凭借自己的军事天赋，击败曼斯菲尔德和加博，并且夺取了丹麦在欧洲大陆的所有领地，丹麦不得不签订《吕贝克和约》，保证从此不再插手德意志的事务。

华伦斯坦的出现，让皇权得到极大加强。凭借着他的雇佣军，皇帝可以剥夺敌对诸侯的领地，自主地封赏土地，这是各路诸侯不愿看到的。外敌没有了，自然就窝里斗了。而华伦斯坦功高震主，也深受皇帝的猜忌，在种种力量的压迫之下，他无奈地辞掉了自己的职位，第一次走到了后台……

由于华伦斯坦在波罗的海的胜利，皇帝的势力已经延伸到波罗的海沿岸，并且开始筹建海军。而这是当时的北方强国瑞典不能允许的。于是，一代名将瑞典国王古斯塔夫二世，在红衣主教黎塞留的调停下结束了和波兰的战争后，开始干预德意志了。凭借着国家常备军严明的纪律与训练（这和当时其他的雇佣军以战养战的烧杀掠夺形成鲜明对比）、火枪的先进水平、大炮的火力优势、首创的灵活机动的楔形阵法以及自己的领导天赋，古斯塔夫以少胜多，打败了华伦斯坦辞职后旧教诸侯的主心骨——从未一败的提利将军。提利还很不幸地在

▼ 三十年战争场景

战场上壮烈了。

沧海横流方显英雄本色，的确，用得着你的时候，你就是块宝，用不着你的时候，哪儿凉快哪儿待着去。提利一死，皇帝一方顿时阵脚大乱，连忙把华伦斯坦又请出来。华伦斯坦复出后，与古斯塔夫经过几轮机动战的较量，终于在吕岑举行了大会战。而此战的结果是瑞典以古斯塔夫的阵亡，换取了华伦斯坦的战败。但是在古斯塔夫死后，瑞典在德意志也难成气候。而华伦斯坦的不败神话被打破，名声也是一落千丈，成为诸侯和皇帝攻击的目标，加上他本人一些养寇自重的做法和不光彩的政治交易，终于众叛亲离，被刺杀在自己的城堡中。

华伦斯坦死后，他的建立一个跨越宗教分歧与军事割据的统一德意志的梦想也彻底破灭，但是三十年战争并没有结束。

被法国侵占了领地的洛林公爵投靠皇帝，成为巴伐利亚的军事统领，与皇帝军一道，击败了瑞典军，结束了瑞典主导的阶段。

而此时，一直在背后暗中操纵的法国终于走上了前台。

法国，因为黎塞留而恐怖。本来，战争是因为宗教纠纷而起，故而带有鲜明的意识形态色彩，如果按照这个惯性打下去，三十年战争就将成为一场宗教战争。可是，作为虔诚的天主教信徒，身兼红衣主教重任的法国首相黎塞留却首先将法兰西的荣耀与利益放在第一位考虑。秉承着使国王尊贵，使王国荣耀的方针，这位上可比苏秦、张仪，下可比考尼茨、梅特涅的战略家，老谋深算，借力打力，招法高明。他清晰地区分了个人的宗教感情与国家利益，大胆地与异教徒结盟。他先是支持低地国家的新教叛乱势力反抗哈布斯堡西班牙，继而插手调停瑞典、波兰战争，引入同样是新教强权的瑞典杀入中欧，一度他甚至还联合了遥远的土耳其人，使其袭扰神圣罗马帝国的东部边界。待到各参战国大都筋疲力尽后，黎塞留这才将法国带入战场，坐收渔翁之利。也就是从他开始，一种以国家利益至上的国际谋略方针诞生了。随着法国的参战，三十年战争的最后一层宗教外衣被撕下，彻底变成了整个欧洲的混战。神圣罗马帝国和西班牙联手的法兰西大进军被击败，西班牙的海军遭受法国和荷兰的重创，瑞典在解决了妄图再次插手的丹麦之后，又重创皇帝一方，但是此时各方势力相当，你吞不了我，我灭不了你。在一连串无意义的鏖战后，双方终于坐下来签订了《威斯特伐利亚和约》，结束了这场旷日持久的战争。

而这个《威斯特伐利亚和约》的主要内容如下：

第一，重申 1555 年的《奥格斯堡宗教和约》和 1635 年的《布拉格和约》继续有效。教随国定，和平处理，诸教平等，从此宗教对德意志的军政的影响渐渐减弱。

第二，帝国境内各诸侯国有主权及外交自主权，惟不得对皇帝及皇室宣战。

第三，正式承认荷兰（原属西班牙）及瑞士（原属奥地利）为独立国家。

第四，哈布斯堡皇室的部分外奥地利领地割让给法国、瑞典和帝国境内的部分新教诸侯：

法国得到洛林地区梅林、图尔、凡尔登 3 个主教区和除了斯特拉斯堡以外的整个阿尔萨斯地区。

瑞典获取西波美拉尼亚地区和维斯马城、不来梅—维尔登两个主教区，从而得到了波罗的海和北海南岸的重要港口。

普鲁士获得东波美拉尼亚地区和马格德堡主教区。

萨克森获得卢萨蒂亚地区。

第五，帝国皇帝选举不得在现任皇帝在世时进行，以免皇帝干预，影响结果。

第六，法国和瑞典在神圣罗马帝国议会有代表权，巴伐利亚公爵被封为选帝侯。

此和约导致奥地利哈布斯堡王朝失去大量领地，也削弱了王朝对神圣罗马帝国境内各邦国的控制，皇权的力量进一步被削弱，诸侯的权力进一步加强，德意志彻底分裂成数百个小邦国。经由此战，德意志不仅失去了大量的领土（阿尔萨斯和洛林也成为后来影响法、德关系的重要因素），而且法国、瑞典也开始光明正大地干涉德意志的内政。

三十年战争使德意志损失了 1/3 的人口、300 多座城市、2 000 多个村庄毁于一旦。三十年战争之前，德意志是欧洲的金融中心，战后这个中心已经转移到了阿姆斯特丹，日后更将进一步转移到海峡对岸的伦敦。德意志各邦不仅失去了金融中心的位置，其人口、农业、商业与制造业也无不遭受惨重的损失。战前巴伐利亚是德意志最近代化、实力最雄厚的一个邦，但是三十年战争之后，它的人口锐减一半，约有 900 个城镇和村庄被毁。战后的经济恢复也步履蹒跚，直到 1760 年，该邦的耕地面积还没有恢复到 1616 年时的水平。恩格斯说："三十年战争所造成的严重后果，使德国有 200 年不见于政治积极的欧洲国家之列"。

对德意志各邦更为不利的是，在新时代，德意志的邦国绝大多数都太袖珍了。据不完全统计，三十年战争之后，在德意志存在着 314 个邦与 1 475 个骑士庄园领，相当于 1 789 个独立的拥有主权的行政实体并存。以至于它们很难对内"建立一套能够适应近代化国家需要的行政管理体制，也无力推行行之有效的经济政策"。"尤有甚者，它们那本来就很有限的收入，还往往因为刻意效仿法国路易十四专制主义的宫廷生活，而消耗在无休无止的浪费中，而这种以奢华生活为荣耀的攀比之风，唯一的受益群体便是宫廷建造等奢侈业。"

纵观整个三十年战争，奥地利的哈布斯堡王朝，本身作为一个外来民族统治的王朝，它的利益，必然会和外国势力有联系（比如西班牙哈布斯堡王朝）。也就是说对于奥地利的统治者，他们追求的是家族利益而并非民族国家的利益，也因此，它的存在本来就会让外国势力介入德意志内部的事务。而在《威斯特伐利亚和约》之后，德意志的邻国在德意志的权力更大了，加上德意志本身的地理位置——欧洲的十字走廊，这让它完全成为了欧洲力量均势棋盘上的一个棋子，也就意味着从此欧洲力量核心的对峙与易手都将深深地影响着德意志的内部形势。

但三十年战争也显示出德意志诸侯的力量已经非常强大，这就决定了在数百年之后，德意志的改革和统一将会自上而下完成。而三十年战争的另外一个影响，是在勃兰登堡大选帝侯威廉的奋斗之下，奠定了普鲁士崛起的根基，德意志将走进奥地利和普鲁士双雄并立的二元时代。

双雄并立

在三十年战争之后，普奥二元制的雏形渐渐形成。一边是哈布斯堡王朝的精英们不断地努力去挽回江河日下的颓势，一边是普鲁士的容克们发奋图强，而这个过程，被打上了欧洲争霸的深深烙印……

首先是奥地利遭受打击。在瑞典的支持下，匈牙利的民族英雄拉科齐·格奥尔基掀起了轰轰烈烈的匈牙利贵族的独立运动。而这个运动，虽然被奥地利的利奥波德一世利用瑞典和波兰之间的矛盾，暂时镇压下去，但是在后来历任奥地利君主的统治中，匈牙利都成了皇帝的心腹大患，屡屡反叛。尽管匈牙利是奥地利高素质骑兵的重要来源，但是起义、镇压、再起义、再镇压的循环，在无形中加大了奥地利的负担，削弱了其国力。

另外一个，就是奥地利的好邻居——奥斯曼土耳其帝国。早在十六世纪开始，奥斯曼土耳其在近两百年的势力扩张以后，就把奥地利视为自己的竞争对手，双方争端也主要是围绕以匈牙利等地为主的东南欧和中欧而起的。一开始，是奥斯曼土耳其的强盛时期，天平显然是倾向奥斯曼土耳其一方的。虽然也是互有胜负，但是，维也纳数次被奥斯曼土耳其的骑兵包围，而匈牙利的大部分领土也给奥斯曼土耳其占去。但是，奥斯曼土耳其的穷兵黩武也注定了它的最终失败。而奥地利虽然耗费了大量的人力物力抗击奥斯曼土耳其的威胁，但是作为欧洲天主教国家抵制异教徒扩张的先锋，俨然成为全欧洲的救世主。在当时，无数的欧洲贵族青年都梦想着到奥地利参军，这无形中为奥地利提供了巨大的人力资源（别的不说，光是一代名将欧根亲王的加入就足够让哈布斯堡王朝的坟头上冒青烟了），而且也为奥地利提供了在对奥斯曼土耳其作战上的外交优势。

1684年，奥地利、波兰、威尼斯建立反对奥斯曼土耳其的"神圣同盟"，两年后俄国加入。同盟成功地打败奥斯曼土耳其，并且第一次瓜分了奥斯曼土耳其。后来，法国大革命爆发，奥地利与法国连年征战，无力再攻略东部，而奥斯曼土耳其自身也是行将就木，所以双方反而能和平相处。

回过头来看奥地利对奥斯曼土耳其的作战，一方面让奥地利背上了更大的包袱，消耗了奥地利的国力，也成为欧洲各国攻略奥地利时利用的一个机会（普鲁士在西里西亚战争中就试过），另一方面，纵使奥地利通过作战获得了许多领土，夺取了整个匈牙利、斯洛文尼亚、克罗地亚、罗马尼亚的特兰西瓦尼亚、乌克兰的一部分，还曾多次占领塞尔维亚和波斯尼亚，但其副作用是奥地利不再是一个纯粹的德意志国家了，成了由德意志人统治的多民族国家。奥地利虽然变成了大帝国，但对控制其他德意志邦国是不利的。奥地利复杂的民族构成，既加重了本国维稳的任务，也加大了奥地利和德意志北部诸侯国之间的分歧，虽然这并不是一个决定性的因素，但是民族的复杂性，加上奥地利哈布斯堡王朝自身就是外来民族的特点，加大了奥地利统一德意志的难度。

背负着如此多的负担的奥地利，在欧洲大国博弈的棋盘上步履一定是很艰难的。但是，即便如此，在三十年战争的失利之后，面对西班牙王位继承战争的巨大挑战，奥地利竟然能够全身而退，全拜那些扶大厦于将倾的帝国精英所赐，而其中不得不提的就是欧根亲王。

说起来这位大哥还真的是太神奇了，据史书记载，是个长相很恐怖，打仗也很恐怖的人物。他的祖先是意大利人，本人是法国人，却成为德意志的名将，连希特勒也对他推崇备至。传说他是路易十四抛弃了的私生子，在被路易十四拒绝了加入法军的请求后，像当时的许多贵族青年那样，跑到奥

◀ 维也纳英雄广场上的欧根亲王雕像

地利去抗击奥斯曼土耳其，并且开始崭露头角。在赞塔战役中，欧根亲王率领帝国军队以少胜多（5万对10万），大败奥斯曼土耳其军，成为欧洲对抗奥斯曼土耳其历史上的第一次完胜。时评欧洲第一名将，29岁便成为神圣罗马帝国元帅。

英雄的伟绩，在绚烂的舞台上上演。而这个舞台，却是十分凶险。

军事体制上，经过了军事改革，奥地利的军队并不比同期的英、法军队差。但是奥地利军队最致命的弱点，是后勤和财政运转不灵。将领上了战场，从来也不去关心军队的后勤供应，结果奥地利军队的士气是欧洲各国里面最差的。另外，奥地利经年战争，国库早已空虚，在那个时代，没有钱就发不出饷，欠饷军队就消极怠工，甚至会哗变。相比英国、荷兰垄断海外贸易，有来之不尽的滚滚财源，法国路易十四有完善的国家财政体系和税收体系，奥地利皇帝的军费只能依靠来自奥地利和一部分波希米亚（捷克）的税收。匈牙利和巴尔干领土刚刚收复，几乎是千里无人烟的荒原沼泽，就算有些人口，还尽是反抗奥地利统治的"叛乱者"，根本谈不上任何税收。与此同时，西班牙哈布斯堡王朝由于绝嗣，丧失了对国家的统治，还将王位托付给家族最大的敌人——法王路易十四的孙子（当然，从血缘上，这是说的过去的，哈布斯堡王朝真是成于婚姻，也败于婚姻），自然也无法为奥地利提供多少实质性的帮助，甚至由于继承的问题，还成了法国的盟友。

反观奥地利最大的对手法国，绝对君主制的太阳王路易十四，在财政大臣柯尔伯的辅佐之下，实行贸易保护主义和重商主义，大力发展对外贸易，再加上杜伦尼和孔代两位名将的出生入死，趁着哈布斯堡王朝衰落与英国内战的良机，已经建立了一支横扫欧洲的第一陆军和强大的海军，掌握了欧洲的霸权。

但是，法国很不幸已经到了发展的顶峰。英国结束了内战，并且经历了光荣革命，国内大局已定，资本主义制度的力量正在源源不断地爆发。为了保护自己在西班牙庞大的殖民体系中的贸易权利，为了抵御法国海权的兴起和争夺海上霸权，英国和曾经的海上马车夫——荷兰联手，共同对抗法国。

得到了西班牙，法国就彻底成为欧洲不可动摇的霸主，查理曼的伟业似乎即将出现，然而为了自己的利益，英国、荷兰、奥地利的大联盟再次结起……

这和三十年战争何其相似，同样是表面上风光不可一世的欧洲霸主面对几乎整个欧洲的攻伐。一场西班牙王位继承战争拉开了帷幕。

在意大利战场，在英军统帅马尔巴勒和欧根亲王的指挥之下，不可一世的法军受到了沉重打击，数次会战败于联军手下。都灵战役后，法国在意大利上百年的势力彻底瓦解。而在西班牙战场，西、法联军倒是打得很顺手，取得了多次胜利。在几年的僵持阶段之后，奥地利再次发动大战，与英国组成联军进攻法国。法国边界的要塞全部陷落，但是此时，老将维拉尔斯出马，打败了奥军，可以说挽救了危亡的法国。此时的英、荷两国早已厌战，并且停止了对奥地利的经济支持。缺乏足够军费的奥地利经此一役也无法再战，双方议和，于是展开新一轮的势力分割。

那么此战对德意志产生了什么影响呢？

首先对于奥地利来说，利用了英、法争霸，赢得了比利时还有西班牙在意大利的许多领地。哈布斯堡王朝弥补了失去西班牙的一些损失。同时，法国在西班牙王位继承战争后逐渐走向衰落，其扩张的势头得到了遏制。这对要同时应对奥斯曼土耳其、民族起义和法国威胁的奥地利来说，不能不说是松了口气。在此战中，英国击溃了法国的海军，已经牢固地掌握了海上的霸权。但是，瘦死的骆驼比马大，法国并不甘心将海上霸权拱手让给英国，于是依然不屈不挠地和英国竞争。这个时候的欧洲局势，是英国希望称霸，却不愿意直接参与欧洲的陆战，试图通过在欧洲大陆寻找利益的代言人施加影响。而这个代言人，现在就是奥地利。此后奥地利在各场战争中经常获得英国的资金支持，弥补了其最致命的缺陷——财政匮乏。而且这一战，也打出了奥地利的力量，德意志各诸侯的气焰不得不压一压。

在这一段时期，奥地利在内部建立了两重司法制度，略微保障了一些人民群众的权利，建立了帝国议会，或多或少地限制了德意志的诸侯们。同时议会对帝国常备军的决议，让德意志的诸侯中出现了有军队和无军队的分野，在导致了诸侯力量崛起的同时，也削掉了不少诸侯问鼎的竞争机会。

此战与之前的三十年战争相比，说明外国力量对德意志的统一来说并不总是起负面作用的。此战也指出了德意志的出路，德意志要在复杂的欧洲局势中，利用列强之间的矛盾来保护自己，在列强的相互制衡之中实现自己的统一！

此战另外一个重要的影响是勃兰登堡选帝侯借助对皇帝的支持，换来了哈布斯堡王朝对其普鲁士王国王位的承认。德意志的另一强国——普鲁士正在崛起，并将直接挑战哈布斯堡王朝的统治。

1733 年，法国和西班牙这两个波旁王朝的国家，为了一雪前耻与奥地利开战。法国和西班牙首先借助波兰王位空缺的争端，利用波兰的战事拖住了俄罗斯，又藉由英国首相罗伯特为了稳定国内王位继承问题和保护海外贸易的和平政策而令奥地利的这一盟友与荷兰保持中立（法国的首席大臣弗勒里不惜牺牲法国的海上利益并且保证不攻打奥属尼德兰，不影响到英属尼德兰的统治，以换取英国对其大陆政策的绥靖，当然，此举导致了法国海军的进一步衰落，单纯依靠陆军争霸的法国后来再也无力回天），而奥地利对自己的盟友普鲁士并不信任，结果普鲁士也未给予其多少帮助。大多数的德意志诸侯此时都与法国结成了联盟，奥地利陷入了几乎是孤军作战的局面（只得到汉诺威的支持）。结果可想而知，奥地利在意大利的领土不得不割让，并且其利用联姻（当时的皇帝查理六世将自己的独女嫁给洛林公爵，希望藉此获得洛林公国）获得洛林的意图再次落空，洛林被法国夺取。

同时，一个隐含的危机渐渐暴露，查理六世只有一个女儿——玛利亚·特蕾莎，他当然希望她继承帝位，但是，女子继承帝位本身就给了各国一个干涉的借口。查理六世为了保护她的女儿，生前就通过大量的外交运作，牺牲了不少奥地利的领土和利益，换取了德意志各诸侯对特蕾莎帝位继承的承认——1713 年国事诏书。此举虽然动机良好，却是奥地利的不幸，因为这纸诏书根本没有约束力。在国际竞争中，撕毁合约是常事。奥地利的让步只能说是白白浪费。

所以，很不幸，1740 年特蕾莎继位，在登基当天，匈牙利就再次爆发起义。列强不承认她的地位，而德意志的诸侯公开对她宣战，巴伐利亚选帝侯也支持自己的妻子——特蕾莎的表亲，来继承德意志的帝位。

哈布斯堡王朝再次处于风雨飘摇中。

不过此时的哈布斯堡王朝并没有迎来覆灭的一刻，因为特蕾莎将是个流芳百世的明君（千万不要小看女人）。

凭借高超的政治手腕，她迅速平定了匈牙利的叛乱，加上外交舞台上她优雅的表演和英国的支持，当然还有奥地利的良将道恩的辅佐，她顺利保住了王位，打垮了巴伐利亚，再次将哈布斯堡王朝从鬼门关里拉了回来。

但是，在这个过程中，奥军在与另一对手的角逐中却连遭败迹，甚至最后不得不割让经济中心——西里西亚。

他，就是普鲁士，从一个蕞尔小邦变成了强大的雄鹰，向德意志的最高地位飞去！

普鲁士，是从原来易北河东岸一个叫做勃兰登堡的军事采邑发展起来的。1417 年，霍亨索伦家族统治了这块采邑。像其他诸侯一样，勃兰登堡通过联姻等种种手段来扩充领土。当然，这种手法不仅让民心混乱，而且到处是飞地。在宗教改革之后，勃兰登堡再次利用同样

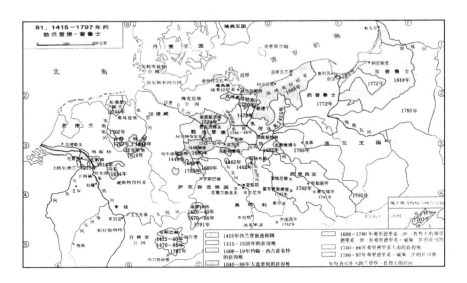

▲ 勃兰登堡—
普鲁士疆域图

的手法，于1618年获得了一块颇大的土地——东普鲁士（普鲁士公国）。

在三十年战争后期，后来被称作"大选帝侯"的威廉即位，开始了普鲁士的崛起之路……

即位后的腓特烈·威廉开始逐步解决普鲁士国内外所面临的危机。他从三十年战争中体会到国家必须有一支独立且属于国王的常备军，同时必须在自己的国家内落实中央集权的君主专制（瑞典就是个好榜样）。为此，腓特烈·威廉在1653年与贵族达成协议，以赋予贵族特权来换取新税的通过，从而有财政支持建立常备军；再以这支军队作为其推行中央集权的后盾，使得贵族们融入选侯的政治安排中，成为选侯统治的基础（比如1662年腓特烈·威廉用军队强行镇压反对此项安排的贵族）。腓特烈·威廉并成功地通过战争或外交手段来处理与邻国，特别是瑞典、波兰的领土纠纷。在外交事务的处理上，腓特烈·威廉是个果敢决断的机会主义者，如在第一次北方战争（1655~1660年）时，他即先采取中立，再加入瑞典一方（1656年），然后再与波兰同盟（1657年），以求得对普鲁士完全的主权；而在法国与荷兰的战争中（1672年），他则站到与奥地利敌对的一方，加入法国，以得到法国的所谓补助金。借着这种成功的结盟政策，腓特烈·威廉在战争中获取国家所需的支持，特别是他国的补助金或者获得新领地的承诺。虽然在第一次北方战争中他并未得到梦寐以求的西波美拉尼亚，却使各国承认他是普鲁士公爵领地的最高统治者。通过在国内与贵族的合作以及在国外寻求有利的盟邦，腓特烈·威廉硬是把即位初的危机化为转机，也为他自己赢得了大选帝侯的尊称。而在这些发展中，普鲁士拥有了一支常备军，建立了中央集权化的行政官僚体系，可以说越来越具有君主专制的特色。同时通过宗教宽容收容两万名法国胡格诺人（法国清教徒），使其为普鲁士带来了较先进的工业技术，并为普鲁士的军队服务。而重商主义措施的实施，亦使普鲁士开始累积在经济上的力量。

为了求发展，这位老兄可谓不择手段。由于受普鲁士的农奴制的影响，导致发展工业的劳动力不足，他就把街边的乞丐和囚犯抓去当工人。

而在腓特烈·威廉奠定了普鲁士的基础之后，他的儿子勃兰登堡大选帝侯腓特烈三世借助支持奥地利哈布斯堡王朝向法国波旁王朝宣战，换取了国王称号。1701年1月18日，腓特烈三世在柯尼斯堡加冕成为普鲁士国王腓特烈一世。此君和乃父完全不同，生活奢侈，挥霍无度，为了赚钱他居然把他老爹视为眼珠子的军队租出去参加西班牙王位继承战争。虽然赚了1300万银币，但仍不够其挥霍，最后终于走上大肆借债一途。他退位时虽将普鲁士陆军发展到四万人规模，却同时留下2000万银币的债务。

似乎是隔代遗传，腓特烈一世的儿子腓特烈·威廉一世（普鲁士的王号可是够乱的）以近乎变态的节俭和军事导向处理国政。对外，腓特烈·威廉一世借助大北方战争获得了波美拉尼亚，对内，他继续发展重商主义。自己也厉行节约，一改乃父的奢靡之风，同时大力打击此时德意志诸邦国中的病态产业——奢侈品的制造业，甚至逮捕了普鲁士最大的珠宝商，将发展重心转移到其他的经济基础产业和军工业上面。他在位二十七年，不仅还清乃父的债务，还给其子留下了800万银币的现金储蓄。此时的普鲁士王国，国土面积为欧洲第十位，人口为欧洲第十三位，陆军规模却居欧洲第四位，国家岁入的七分之六用于军事开支。腓特烈·威廉一世的抠门甚至达到了这样一种程度：在他看来，任何一个士兵与任何一粒子弹都是极其珍贵的，所以抓回来的逃兵不处以死刑，而是代之以极其残酷的鞭刑——因为既不想浪费子弹，也不想无意义地牺牲一名兵源。

与此配套而且十分难得的，他虽然本人讨厌文化，却秉承了他父亲对教育的重视——建立了柏林科学院，在全国建立了小学的义务教育制。而教育，这项可怖的利器，将成为普鲁士飞速发展的重要推手。和他"士兵国王"的称号相呼应，他在普鲁士建立了严格的军事训练制度，延续条顿骑士团传统的纪律精神（东普鲁士在被兼并前，是条顿骑士团的公国），奠定了普鲁士士兵的高素质。另外一样，就是他实行征兵区制，大力扩充军队，达到8.4万人，而同期相比，人口超过普鲁士一倍之多的奥地利，也只有11万常备军。他利用手下的军队，强行镇压了东普鲁士的贵族，剥夺了等级议会的征税权，并且直接利用自己的军队去征税。通过军队的总部，他建立了一套高效统一的官僚体系，彻底建立了普鲁士的军事专制统治，普鲁士变成了"拥有国家的军队，而非拥有军队的国家"。

为了扩军，腓特烈·威廉一世甚至不惜采用利诱、哄骗乃至绑架、劫持的方式，而且还将这一手法运用到国外，以至于产生了严重的外交问题。1731年汉诺威政府甚至公开发布法令，称一旦发现来自普鲁士或服务于普鲁士的募兵人员，"要立即拘禁起来。不用管他是哪一流人士，也不管其官衔如何。如果他们大量出现，就敲起警钟来追赶他们。如果他们已在附近出现，就须集合民兵。这些人应该当作拦路抢劫犯、绑票犯、扰乱国家治安犯、破坏国家自由犯论处。如果他们犯了过错，就应该给予惩罚。如果他们进行抵抗，就应该将其消灭或逮捕后枪决。"

但是，腓特烈·威廉一世依然我行我素。也就是靠着这种手法，他给下一代留下了一笔丰厚的军国遗产，造就了他的儿子——腓特烈大帝的伟业。

那么，普鲁士为何能做到这些？为什么能做到奥地利做不到的如此彻底的集权呢？

首先，勃兰登堡的地理位置对经济发展有利。贸易航路从地中海转移到大西洋沿岸，虽然引起整个德意志经济的衰落及停滞，却促进了勃兰登堡的经济繁荣。贸易航路的转移，使南德和中德的个别地区不得不向北海海岸寻找贸易出口，而勃兰登堡就成为必经之路。加上重商主义的贯彻，普鲁士的资产阶级得到一定程度的发展，而资产阶级的发展，就威胁到了容克贵族的发展，使他们不得不依靠国王去抵御这股新兴力量。于是，国王就在贵族和资产阶级的制衡之中，获得了专制的地位与权力。国王一方面保护贵族的利益从而得到贵族的支持，另一方面，资产阶级也希望有一个强有力的中央王权，去镇压农民的动乱维护安定，去维持一个全国范围的市场（资产阶级对市场的需求，后来也促进了普鲁士关税同盟的建立）。当然，普鲁士当时的资产阶级力量非常弱小，并不可能和容克贵族达成均势。

那么，什么是容克贵族呢？

容克指普鲁士的贵族庄园主，主要是征服易北河以东地区并在那里进行殖民的条顿骑士领主的后裔。他们集领主权与乡村政权于一身。十六世纪，容克为了扩大谷物生产，大量强占易北河以东农民的份地，以农奴的劳役经营商品生产性的大庄园经济。容克具有粗犷、暴戾、眼光狭隘的特点。作为普鲁士中的贵族——一个新兴小国中的上等人，他们不像哈布斯堡王朝中的贵族那般，经过长时期的发展之后，拥有很大的力量，不仅能巩固自己的统治，并且还能和国王叫板。作为封建地主，他们最大的渴望，就是对土地的需求，而这必然让他们热衷于普鲁士领土的开拓，热衷于恢复罗马大帝国的迷梦。然而由于他们实力不足，不可能仅仅靠自身的力量去镇压农奴的反抗，更不可能自己卷入大国之间的争霸之中，因而，建立一支国家拥有的军队，也是他们根本利益的所在。对于那时的普鲁士来说，唯有军国主义才能做到这种集权。通过和贵族们一定权力的交易，国王换取来保证专制最基本的武器——军队。同时，不断的对外战争，可以暂时缓解国内矛盾，强大的军队，也保证了重商主义的发展——让资产阶级听话，而战争换来领土的扩大——让容克听话。

为了换取军队的发展，大选帝侯用警察权和裁判权换来了容克贵族的税收，而且普鲁士军队的建立，必然导致普鲁士的扩张，这是符合容克的利益的。第一，实行军国主义及侵略扩张，他们就可以获得新的地产。第二，随着国家领土的扩张，行政管理机构也就扩充起来，这就为容克的子弟提供了更多的当官机会。第三，加强军事力量，也就相应地增加了军官的数目，从而为容克的子弟提供了更多的军官职位。而且在普鲁士的军事制度中，军官几乎全部由容克担任。对于实行长子继承制的容克来说，不是长子的年轻贵族，只有当军官才有发展的机会。不仅可能博得远大前程，而且可以掌控军队的粮饷与补给，借机中饱私囊，是件很划算的事情。所以容克很乐意去支持普鲁士军队的建立。

而国王掌握了军队，就在普鲁士取得军事力量的绝对优势，从而带来了政治、经济地位上的强势，自然而然，可以建立一个专制的王国。

而且在思想方面，骑士团的服从、纪律等思想对于建立集权国家非常有利。同时当时普鲁士盛行的宗教——虔敬教，主张责任意识、纪律、社会义务等，都为普鲁士的集权提供了坚实的保障。在各个方面的影响下，普鲁士就建成了一个高度集权的国家。

在此基础上，腓特烈二世，也就是腓特烈大帝，开始了他的雄图霸业。

腓特烈大帝和他的父亲有一样的行为原则。普鲁士"是一个军事国家，所有的事情都要以此安排"。五分之四的国家收入流向军队。在欧洲，有 12 个国家比普鲁士人口多，但是只有三个国家比它的军队多。普鲁士每十三个居民里，就有一个是军人。为了建立一个忠诚的军官团，腓特烈大帝将贵族们称作是"国家的基础和柱石"，对于一般市民他就比较轻视了："大多数人思想低下，是没用的糟糕军官"。20 000 个蓝血家族（指贵族）必须让他们的儿子服役；到外国旅行、研究或者学习都是被禁止的。谁离开了普鲁士，就要冒着丧失财产的风险。

但腓特烈大帝实行的是一种开明专制。一方面改善与容克的关系并进一步保护容克利益，以稳定他的军队。另一方面，在内政上，他推行了农业改革（七年战争时期在普鲁士大规模地引入土豆种植，缓解了战争期间的粮食不足，除土豆外还引进了许多国外的优秀农产品种并引进了英国的农场管理经验，促进了普鲁士的农业发展）、行政改革（扩大中央对地方的控制，并健全了中央的机构部门，加强对官员的监控和管理，一时间官场肃然）、经济改革（建立了比较完善的税收制度，推行贸易保护主义，保护国内的经济，甚至在战争期间也禁止在几个大的商业城市里征兵）、军事改革（强调军队的机动性、速度和射击速率，普军士兵每分钟能发射 5 发子弹，而别国士兵每分钟只能发射 2 发，腓特烈大帝制定的普鲁士军队的操演方法，则成为全欧洲军界竞相模仿的样板）、教育改革、法律改革（废除刑讯制度）。他的名言是"我是这个国家的第一公仆。"当时普鲁士的人民可以通过

▶ 腓特烈大帝

上书或求见的方式直接向国王求助。

　　腓特烈大帝奉行"法律面前人人平等"的原则，这是他当政时期的特色，当然没有彻底贯彻。他对移民和小宗教信徒（胡格诺教徒、天主教徒）宽容开放，也是他内政的特色之一。普鲁士是欧洲第一个享有有限出版自由的君主国。腓特烈大帝希望彻底废除农奴制，尽管在容克的强烈反对下失败，但在国王的直属领地上却能逐步实行。他在新开辟的地区里建立小镇和农村，让有自由身份的农民入住。当出于国务原因而需要延长农奴合同的时候，这些帮工、雇农和女仆会被问及他们雇主的情况及待遇，管理不善的雇主，其手下的雇农将有可能被调派到有妥善管理记录的雇主处。文化方面，在腓特烈大帝统治时期，普鲁士兴建了数以百计的学校。腓特烈大帝自认就是一个"错生在宫廷里的艺术家"，他与伏尔泰建立了终身友谊，留有大量法文著作，让普鲁士在文化上得到了很大的发展。

虽然同时期的奥地利，在另一位明君特蕾莎的带领下，也在开明专制中发展，但是奥地利的欠债太多，连年征战，使其背上了沉重的经济负担，而且国内的民族矛盾和强大的贵族力量，也使其得不到普鲁士那种集权的力量。腓特烈大帝最彻底地贯彻了重商主义，仅此一项就为普鲁士超越奥地利，成为欧洲的军事强国之一奠定了基础。

在奥地利王位继承战中（普鲁士参与的是第一次与第二次西里西亚战争），腓特烈大帝凭借自己的军事天才打败了奥地利，占领了整个西里西亚。但崛起之路必定坎坷重重，奥地利女王特蕾莎为了收复西里西亚，在天才外交家考尼茨·里特贝格亲王的策划下（腓特烈大帝曾说："考尼茨有一颗全欧洲最聪明的脑袋"），针对普鲁士展开了一系列外交攻势，修好各国，尤其是利用英、普同俄、法的矛盾，于1756年春组成了奥、法、俄反普同盟。有鉴于此，腓特烈大帝决定先发制人（这主要是由普鲁士较弱的国力以及所处的不利地理位置所决定的），第三次西里西亚战争爆发，也就是著名的七年战争。战争双方为英、普对阵奥、法、俄。

腓特烈大帝时代的欧洲军队，火器已成为主战装备，但冷兵器尚未完全退出历史舞台，兵力多寡依然是克敌制胜的关键。有鉴于此，腓特烈大帝终其一生都在坚持不懈地扩充军队规模。普鲁士的扩军行动主要分为两个阶段：首先是第二次西里西亚战争与七年战争之间，也即1748~1756年，这一时期普军总兵力由10万人增至15万人；第二阶段则是七年战争结束（1763年）后，普鲁士军队很快扩充到20万之众，也正是在这一年，腓特烈大帝颁布了有关加强未成年人军事训练的《学校法规》。

　　普鲁士军队的迅速壮大，并没有使腓特烈大帝冲昏头脑。他既追求兵力的庞大，同时也丝毫不放松对部队军事素质的严格要求，腓特烈大帝极力要求军队具有铁的纪律和高度机动的能力。他训练的骑兵能保持整齐的队形长距离奔驰，并在冲锋后迅速重新编队，这支强悍的骑兵后来在著名的罗斯巴赫与洛伊滕战役中曾多次出奇制胜，为普军最终以弱克强立下了汗马功劳；腓特烈大帝麾下的普鲁士军队，很快成为欧洲效率最高的军队。恩格斯后来评价说：腓特烈大帝的军事组织"是当时最好的，其余所有的欧洲政府都热心地效仿它"。

　　由于普鲁士军队的募兵性质，官兵之间的对立十分尖锐，士兵逃亡现象非常普遍，因此腓特烈大帝把"严明军纪"上升到了"军魂"的高度。当时普军的各级军官全部由崇尚武功的容克组成，腓特烈大帝着重培养他们的忠诚服从精神和军人荣誉感，并通过他们和严厉的军法来控制整个军队。腓特烈大帝对士兵的训练异常严格，简直到了非人的地步，皮鞭加棍棒的野蛮军法充斥整个军队。不过腓特烈大帝绝非头脑简单的武夫，他在士卒面前始终能够以身作则，严于律己，从不逃避艰苦和危险，一次战斗中他骑乘的马匹两度被击毙，但他却依然毫不畏惧，继续坚持在火线指挥战斗。正因为有了如此巨大的个人感召力，当时的普军士兵都以玩忽职守为耻，绝对服从为荣，宁愿战死也不临战脱逃。当然，腓特烈大帝所做的一切都是为了建立一支完全盲从于他的军队，这一点连他本人也不否认："要使士兵怕他的排长的棍子甚于怕敌人的子弹，如果士兵都开始有思想，就没人愿意当兵了"。

　　腓特烈大帝刚即位时，普鲁士军队的武器装备非但不能自给，而且还必须花费大量资金从国外进口。为摆脱这种受制于人的不利局面，腓特烈大帝在登基第二年便着手发展军事工业，对其免税并给予津贴。在官方扶持下，普鲁士军工生产连创佳绩：以炮兵为例，1740 年普军装备有各式火炮2731门，等到1786年腓特烈大帝去世时，这一数字已攀升至6224门。除数量增长外，普军的武器性能也有很大提高，仍以火炮为例，七年战争前配发普军的新式12磅炮仅重375公斤，而旧式12磅炮却重达1600公斤，火炮重量的减轻使部队机动性得到提高。

腓特烈大帝的技术革新往往与战术改革相配套。他在提高滑膛枪射击速度的同时，对步兵作战编队也进行了相应调整。腓特烈大帝还根据古希腊军事家伊巴密浓达斯的楔形阵，结合自己军队的火器性能，发明了斜行战斗队形，使古老的线式战术重新焕发出光彩；腓特烈大帝高度重视各兵种的协同作战能力，并且首创了骑炮兵，让骑兵装备轻型火炮，这样就将骑兵的高度机动与炮兵的强大火力完美地结合在一起。军制改革方面，腓特烈大帝也走在了时代的前列。他在位期间所设立的侍官总署与先前已存在的军需总监部一起，共同奠定了后来总参谋部制度的基础，这在当时无疑是一个极富远见的创举。除完善指挥体制外，腓特烈大帝还将普鲁士的军事传统进一步发扬光大，真正确立了全民皆兵的国防动员体系。当时曾有人这样描述普鲁士："对其他国家来说，是国家拥有一个军队；对普鲁士而言，则是军队拥有一个国家。"

中国有句老话叫"兵马未动，粮草先行"，尽管文化背景迥异，但所有的东西方军事家都不约而同地对军事后勤投以了极大关注，腓特烈大帝自然也不例外。为保障战时庞大的物资供应，腓特烈大帝打破了单纯依赖兵站进行补给的传统模式，而改之以新型的复合保障制度。其具体做法是：由单兵携带可供自身消耗3天的口粮，团属补给车队携带本部8天的面包定量，而最高一级的军补给车队则为全军携带一个月的食品供应量。同时，腓特烈大帝又在柏林等交通枢纽设置仓库，预先将大量战备物资储存在内。通过以上措施，普军形成了一套严密高效、机动灵活的后勤保障体系，从而为腓特烈大帝频繁的王朝战争提供了强有力的物质支持。

可以说七年战争中的普军很优秀（第一、二次世界大战中的德军何尝不优秀），但战争打的是综合国力。尽管腓特烈大帝凭借他非凡的军事才能（斜形线性战术的出色运用，火枪战术的改革和强大的骑兵）在数次大会战中成功地以少胜多，但毕竟实力悬殊（英国远水解不了近渴），在三大国的围攻之下，普鲁士逐渐陷入困境。他也一度濒于绝望，企图自杀。可是人算不如天算，就在腓特烈大帝穷途末路之际，一个偶然事件改变了历史进程。1762 年 1 月 5 日，痛恨腓特烈的俄国女沙皇伊丽莎白一世（看样子女人是腓特烈大帝的克星）去世，她的外甥彼得三世继位。而这位彼得三世是个普鲁士的忠实粉丝，用今天的话说还是个腓特烈大帝的脑残粉，不仅无条件放弃了俄军占领的普鲁士领土，还反戈一击，帮助普鲁士对付法国和奥地利。彼得三世穿着一袭普鲁士军装，自动向腓特烈大帝请求为"国王，我的主人"服务，真可谓是有史以来最为颠倒的情形之一。连腓特烈大帝都认为彼得三世疯了。疯子的下场一般都不会好。彼得三世继位不到半年就被他的妻子赶下了台，并且很快在囚禁中神秘死亡，从脑残粉变成了僵尸粉。他的妻子继位，就是俄国历史上与彼得大帝齐名的叶卡捷琳娜女皇（具有讽刺意味的是，这位女皇倒是不折不扣的德意志人，却是俄罗斯利益的坚定维护者）。

人们常说"机遇是留给有准备的人"，但反过来想一下，光有准备却等不到机遇，不是也白搭。好在腓特烈大帝是那个既有准备又有机遇的人，尽管叶卡捷琳娜女皇继位后取消了与普鲁士的同盟，他还是利用这段喘息之机咸鱼翻身，不仅免于覆亡，还保住了西里西亚的胜利果实。可见形势比人强，成功靠的不仅是实力，也要靠运气。腓特烈大帝能在七年战争中获胜，简直就是交了狗屎运，但这丝毫无损于他的英名。最高的评价往往来自你的对手。1806 年，拿破仑在耶拿战役中大败普鲁士军后，来到了腓特烈大帝的墓前，用马鞭指着他的墓碑对手下的将领们说："要是他还活着，我们就不可能站在这里了。"

经此一战后，法国进一步衰落，完全丧失了和英国叫板的资本（在拿破仑之前），并催生了大革命的爆发。而普鲁士，经过了崛起过程中必然遭受的劫难之后，已经成为欧洲各国公认的强国。1772 年，普鲁士伙同俄、奥瓜分波兰，将西普鲁士吞并，从此将东普鲁士和勃兰登堡连为一体。此时欧洲的格局已经改变，主导的是英国，与之相竞争制衡的，还有俄国、法国、普鲁士、奥地利。而德意志的二元制，已经走向成熟，下面等待的，就是能量的爆发和德国的统一！

大革命和大改革

易经卦云："亢龙有悔"。

巅峰过后，迎来的必定是下落。

此时的普鲁士，虽然实力直线上升，但大国的硬伤，已经不可避免地要发作。政治上的高度集权，容克官僚集团的高压统治，在为这个国家换来高效率的同时，也带来了思想的停滞和制度的僵化，新一轮的崩溃也近在眼前了。尽管三次瓜分波兰，普鲁士的领土仍在扩展，尽管侵略荷兰，普鲁士的力量还是强大，尽管国内改革、减税，国王受到了拥戴，但是普鲁士军队的亏空越来越大。容克垄断军官阶层，这帮贵族里面，难保不会有纨绔子弟，军官团的素质也自然而然下降，不合理的大强度惩处制度和练兵模式，使士兵只会服从，士气、素质的提高都受到了抑制。更不要说那时军队里面流行的腐败现象，军官吃着国家的军饷，士兵没有训练反而被遣散回去替容克种田。依靠雇佣兵和强征的农民组成军队，在争霸到一定程度之后，已经渐渐力不从心，只是被腓特烈大帝留下的光芒所掩盖。

而在农业方面，普鲁士哪怕是德意志，在三十年战争以后一片萧条，不幸成为了农奴制在欧洲的第二片乐园。残酷的剥削，严重地打击了农民的生产积极性，尽管普鲁士曾经不断努力去改变国内农奴制的恶劣状况，但都没有从根本上解决这个问题。手工业方面，古老的行会制度仍然存在，封建枷锁依旧牢固。纵是当时最具民主色彩的德意志城市汉堡，也是分了 9 个权力阶层。上层贵族依然纸醉金迷，然而全国有许多容克正负债累累。

一句话，此时的普鲁士和德意志，和当时的大国（比如英国）相比，生产力都处在极其低下的状况，而软弱的国内资产阶级又根本无力去改变这个局面。这就意味着如此下去，德意志不能承担发展一支强大的力量，打破欧洲力量均势对其统一压制的重任。

就在此时，震撼整个欧洲的法国大革命呼啸而来。封建君主们在人民革命的洪流前不寒而栗。

普鲁士和奥地利联合起来，试图武力干涉这次革命。但面对在自由、平等、人权精神感召下组织起来的富有使命感的法国革命军，再加上一代军神拿破仑的降临，貌合神离的普鲁士与奥地利，命运是如此悲催，抵抗是那么无力，一败再败。德意志的两大邦国，都独自和法国媾和，不惜出卖德意志的共同利益。"莱茵联邦"在法国的庇护下建立。1806 年，哈布斯堡王朝的弗兰茨二世退位，宣告了"德意志民族神圣罗马帝国"在形式上的瓦解。而拿破仑也开始了他对德意志的塑造。

拿破仑通过操纵德意志的帝国议会，大批的小邦国被取消，《威斯特伐利亚和约》之后的情况大为改观。然而最关键的是资本主义思想和制度的传播和发展。

早在法国大革命刚刚爆发的时候，靠近法国的德意志西部地区就纷纷举行罢工和起义，在美因茨甚至建立了德意志的第一个共和国。

而在拿破仑确立了对德意志的统治性地位之后，他打击教会势力，取消教会特权，打破政教合一的传统观念，使教会失去作为与国家并列的公共权威的地位。在很多地方，法军赶走教会贵族和主教，解散修道院；废除什一税，没收教会财产；取消教会法庭；法律保护信仰自由，天主教徒、新教徒、犹太教徒和不信仰宗教者，同享公民权。

拿破仑摒弃贵族的封建特权，建立个人在法律面前的平等权利。封建等级被清除了，社会由僧侣、贵族和庶民多个等级构成的理论让位于社会由法律上平等的个人构成的理论；贵族免于纳税、占据官职和控制军队的特权被剥夺了，各种职业和职位向有才能的人开放。

拿破仑废除农奴制，解除农民对地主的封建义务。在法国占领和控制的德意志西部和南部等地区，人身依附的庄园制实际上不存在了。领主丧失了对农民的一切旧约的管辖权；农民由领主的臣民变成国家属下的人民，有职业、迁徙、婚姻和诉讼等自由。由此，在德意志西部和西南部，像在法国一样，造成了一个人数众多的拥有小块土地的自由农民阶级。

拿破仑取消行会法规，普遍宣告人人享有劳动权，可以随意学习并加入任何行业。此外，还废除国内关税，鼓励德意志境内的自由贸易；统一货币和度量衡。

拿破仑还革除古老的典章制度，推行《拿破仑法典》。他十分强调法治，法院与行政机关分开了，世袭官职和鬻卖官职消失了，王公高官滥用财政收入杜绝了，国王也列在文官薪俸表上，个人开支同政府开支严格区分。

拿破仑对于德意志来说，是个伟大的老师。他教会了他们民族主义，在工业革命的推动下，各种报刊、小册子广泛发行，启蒙思想的浪潮荡涤着帝国的百姓。此时的他们懂得了爱国主义，国家有难，匹夫有责，对民族的忠诚渐渐超越对宗教、国王、地区的忠诚。拿破仑还教会他们自由主义，自由、平等、博爱，人的觉醒开始发散。近代的工业经拿破仑之手在德意志开始立足，从此，德意志的资产阶级开始站起来了！此时禁锢德意志统一力量的魔瓶——割据的封建制度，已经出现了深深的裂痕！

在传播资本主义的同时，拿破仑也在贯彻他的争霸计划。奥地利和普鲁士都已经在法国的逼迫下一蹶不振，两个国家已经站在了几乎同一条起跑线上。现在，是决定德国统一的主导国家的时候了！

奥地利何尝没有改革？但是斯塔迪翁大公的改革政策受到了贵族坚决的抵制。然而在普鲁士，此时的改革，成为了生死攸关的大事（1807 年，普鲁士由于在第四次反法同盟战争中的惨败，被迫与法国签订了屈辱的《提尔西特和约》，因此失去了一半的国土，还要向法国支付巨额战争赔款），要么在改革中重拾大国地位，要么沦为三等国家，淹没在德意志诸邦中。

顽强的普鲁士开始触底反弹，并将一飞冲天。

在普鲁士，民法终于颁布，不得民心的间接税制度被废除，思想自由被写进了法律。然而这些只是序幕，一场轰轰烈烈的自上而下的大改革即将展开。

（一）施泰因——哈登堡的政治经济改革

1807 年 10 月，时任普鲁士首相的施泰因签署了十月敕令，废除了农奴制，还把封建地产制，变为了自由地产制，容克地主可以把自己的土地出售给任何人，并应许容克地主可以经营手工业，为普鲁士的工业化扫清了障碍。虽然施泰因心目中富足的自耕农阶级并没有出现（因为自由的代价是极多的钱财），但是资产阶级因此得到了极大的收获。在农业危机之下，就算自己拥有土地的农民，在没有联合大生产的前提下也没有出路，而众多容克们，在开放了贵族土地交易之后，纷纷将土地卖给商人。

行政管理方面，市议会设立，城市开始了自治，国务议会设立，近代政府初具雏形。普鲁士巩固了中央集权，但是行政管理也获得了一定的自由性。

在守旧贵族的策划下，容克们通过法国人把这位可敬的改革家赶下了台。但是，很幸运，普鲁士又迎来了一位改革者——哈登堡。

在哈登堡的努力下，行会的枷锁被完全打破，自由贸易的原则被确立，国家开始直接管理商业贸易，资本主义的发展获得了更大的空间。自治开始推进到农场，村公所设立。

于是，普鲁士的农业资本主义化道路建立，资本主义化的容克出现，在越来越大的利益的鼓动下，改革得到了越来越多人的拥护。而普鲁士也开始走上一条关键的道路，通过王朝自上而下的改革，渐进式地从封建社会向资本主义过渡。也就凭着这种特殊的性质，一种夹杂着议会政治和王权专制的混合体制，普鲁士最终才能在沙俄和英国之间取得平衡，从而实现了小德意志的统一。

（二）沙恩霍斯特——格奈泽瑙的军事改革

这一对军改师徒大刀阔斧地改革了普鲁士陈腐的军事制度。改变军队训练方式，大批量地裁撤军队中的庸官，大力提高军官素质，更新军队中的装备和战术，取消原来的雇佣兵制度，改为实行普遍的义务兵役制。更重要的是，两位联手，为普鲁士的总参谋部制度的建立打下基础。正是因为他们的改革，到毛奇利剑出鞘的时候，普鲁士已经拥有了全世界最先进的军事制度，也是因为他们的改革，才有了历史上争论不休的施利芬计划。

凭借这一军事改革，普鲁士建立了足够强大的军事力量，再一次确保了普鲁士欧洲军事强国的地位，也为后来三次王朝战争的胜利奠定了基础。

（三）洪堡的教育改革

这位威廉·冯·洪堡就是鼎鼎大名的柏林大学的创始人。在国王腓特烈·威廉三世的支持下，他开始了对普鲁士至关重要的教育改革。他建立新的教育体制，设初等教育、中等教育和高等教育三个层次，打破了依据出身门第而获得受教育权利的陈规。注重师资水平，废除机械式的、注入式的教学方法，采用新式教学法，引导学生的自我发展，还创办新型高等学校，培养高等人才。

▶ 威廉·冯·洪堡

从来没有一个国家因为办教育办亡国的。普鲁士由来已久的对教育的重视，在此次改革中延续。高素质的人才，换来的是生产的进步，国家的发展，国力的强大。

这次普鲁士改革虽不彻底，却使普鲁士乃至德意志社会发生了历史性的转变，加速了封建关系的解体。容克地主把从农业改革中获取的大量土地和现金按照资本主义的经营方式改造庄园，使之成为资本主义农场，使农奴制经济纳入资本主义的发展轨道。容克发生了分化，出现了资产阶级化的容克阶级。加上工商自由带来了资本主义经济的发展，又促进了资产阶级的壮大。普鲁士开始从封建庄园制过渡到资产阶级容克地产制，这种在保留封建土地所有制的条件下，用资本主义剥削代替农奴制剥削的方式，被称为"普鲁士道路"。此后德意志的历史进程——19世纪30年代的关税同盟，40年代的工业革命和政治革命，五六十年代完成法律上的解放农民，70年代的民族统一、建立德意志帝国，究其基础和发端，都应归结于19世纪初的农奴制改革。因此，这场改革也就是德意志近代史的开始。

更重要的是普鲁士道路在全德深入推广，从根本上改变了德意志的社会性质。首先是土地所有制的性质变了，土地不再是收取地租的骑士领地，而是与资本主义市场紧密联系、生产剩余价值的资本。其次是劳动力的性质变了，农民摆脱农奴身份，成为自由出卖劳动力的长工和日工。最后是产品分配的性质变了，封建的超经济的剥削关系已被资本主义的雇佣关系所代替。这样，作为封建经济基础的主要部分——所有制关系、生产关系和分配关系都在农奴制改革这股洪流的冲击下瓦解了。同时，深入的农业改革又加速了容克的资产阶级化。富农阶级的出现，以及资产阶级的购置地产，使一个资产阶级化的容克和地主化的资产阶级混合成长的新阶层逐渐形成。因此，正是这个变革，使德国的封建制度向资本主义制度的转化，可能采取温和的、自上而下的调整手段来完成。而且也正是这个变革的深入开展，使德国的统一问题提上了议事日程，德国的统一势力（普鲁士贵族为了国家强大，资产阶级为了商贸发展和开拓全国市场，无产阶级为了社会大生产的需求和解放生产力的最终目的）正在悄然凝聚、团结、壮大！

拿破仑教会了他的学生许多东西，这就意味着他必然要被他的学生推翻。经过莱比锡和滑铁卢两次会战，英、荷、俄、普、奥的联盟，将法兰西的称霸大业再次断送，而在拿破仑终于消停之后。在1815年的维也纳会议上也拟定了欧洲的新秩序。

英、奥、普、俄四个战胜国与法国这个战败国一起坐下来商讨善后事宜，是为维也纳和会。这次和会可谓人类外交史上极其不同寻常的一次国际会议，其不同寻常倒不在于它的漫长（前后共计历时229天），而在于这次会议的主格调实由战胜国中实力最弱的一方和战败国代表所敲定。

这个最弱的战胜国就是沉疴在身的奥地利。当时奥地利的代表是帝国首相梅特涅，欧洲第一流的战略大师。他与他所代表的国家面临的最大难题就是奥地利国势日下，内部也问题重重，新兴的民族主义在挑战帝国的多民族成分，立宪运动和更激进的革命行为则直接质疑该国的君主制度。同时，外部环境同样糟糕。普鲁士在反拿破仑战争中得以发展壮大，大有统一德意志北部各邦的势头，而且，作为普鲁士的外交代表——洪堡确实已经带来了要求德意志统一成一个君主立宪制的联邦国家的计划书。至于东方的俄国则虎视眈眈，随时可能将其势力向东欧和中欧渗透。无论哪一种情况发生，奥地利的国家安全都大成问题。

梅特涅的解决之道是保持法国的大国地位，使之对普、俄形成制衡，同时祭起保守主义的大旗，拉拢普、俄形成君主制国家的意识形态大阵营，变国际冲突为共同对付社会层面上的革命风潮的意识形态斗争。俄国沙皇与普王都很认同于此，这样奥地利就和它们捆绑在了一起。当时的俄国沙皇是亚历山大一世，用梅特涅的话说，此人是"集男性美德与女性弱点的奇异组合。对真正的野心不敢造次，对纯粹的虚荣却勇气十足"。所以他很乐于让自己的大军做国际警察，每当中欧发生革命骚乱的时候，他就派军队来镇压，镇压完了就走，谁的地盘还归谁。于是，俄国的扩张力量就一转而成了奥地利的免费内部稳定器，沙皇也就成了最大的国际活雷锋。这就告诉我们，梅特涅之所以搞反革命的"三皇同盟"，绝非他真的相信国际政治的实质是意识形态较量，而是因为在当时按照意识形态划分壁垒，最有利于奥地利的国家利益。

而当时最能与梅特涅达成战略默契的是法国代表塔列郎。因为早在黎塞留时期，法国的基本国策就是阻止德意志统一，同时对分裂破碎的中欧施加控制，如此法国不仅国家安全无虞，还能伺机夺取欧陆霸权。故而，对于梅特涅的建议，塔列郎是深表支持。更何况梅特涅还要保留法国的大国地位。这样一来，维也纳和会的主基调就由战败国和战胜国中最弱的一国给共同定了下来。事在人为，谁又说"弱国无外交"呢？

当然，这个基调要落在实处，成为战后的权力分布体系，还是要有强者支持的，这个强者就是英国。英国一贯以平衡手的姿态维持欧洲大陆的平衡，它自然也不希望过分削弱法国，更不希望普鲁士与俄国过于强大。这样，当英、法、奥达成一致意见后，普鲁士的利益诉求就遭到了集体否决。

虽然维也纳和会最终决定成立一个德意志联邦，这就是1815年5月16日签署的《德意志联邦条例》。可是，这个联邦和普鲁士的追求可谓相去万里，是一个标准的新神圣罗马帝国。这个所谓德意志联邦由38个主权单位组成，其中包括了34个邦和四个自由市（不莱梅、法兰克福、汉堡、吕贝克），联邦的宗旨在纸面上是要"保持德意志外部和内部的安全以及德意志各邦的独立性和不可侵犯"。实际上对后者的强调远大于对德意志完整的维护，其主要作用变成压制而非促成德意志的统一。前述组成德意志联邦的 38 个政治实体都拥有主权，拥有自己的军队和驻外代表。却惟独这个联邦既没有自己的常备军，也没有自己的驻外代表。因为这个联邦根本就没有一个实体的行政机构，也没有政府，也没有元首，自然更不可能有常备军和驻外代表。有的只是设在法兰克福的一个联邦议会。而参加这个议会的是前述 38 个主权邦国的大使！所有决议必须得到各邦君主集体批准才能生效。作为德意志诸邦中最大的两个邦国——普鲁士与奥地利的下辖领土却并未全部加入这个联邦。反而是英国国王代表的汉诺威，丹麦国王代表的荷尔斯坦因公国，荷兰国王代表的卢森堡大公国成了联邦的成员国，有权派大使出席联邦会议，并拥有投票权。可以说，这个德意志联邦名为联邦，实则连邦联都不如，更像一个缩小版的联合国大会。普鲁士的统一运动因而受挫，被延后了近六十年之久。

不仅如此，最不希望德意志统一成一个新国家的奥地利还取得了联邦议会主席的位置，而且也只有这位奥地利大使有权在议会抽烟，以凸显其与众不同的主导地位。

当然，普鲁士也并非一无所得。在新一轮的土地划分中，普鲁士得到了莱茵兰—威斯特伐利亚（拿破仑苦心经营，资本主义化程度颇高的地区）和萨克森三分之一的领土。此时，象征着普鲁士王权的黑白两色的双鹰旗飘扬在西起亚琛和科布伦茨，东至与俄罗斯接壤的柯尼斯堡的广袤土地上。新增土地的西部，是德意志国土上人口最稠密的地区，这里的居民多为罗马天主教徒。这里有丰富的矿藏，极具工业潜力。此外，普鲁士的新收获还在于这里有埃森的钢铁大王弗里希·克虏伯家族企业。而更重要的是，此轮势力分割使奥地利的重心东移，普鲁士的重心西移，这就意味着奥地利对于普鲁士排除奥地利统一德意志的反对将在一定程度上减轻，因为其扩张重心转到了巴尔干和意大利方向。

维也纳会议也建造了维也纳均势体系，俄国已经彻底崛起成欧洲大陆的第一强国，成为欧洲宪兵，而英国对于这个即将取代法国而成为自己在欧洲大陆利益的竞争国深感担忧。由此，欧洲的力量体系变为英—俄均势体系，而中欧，特别是德意志，也成为了两大力量角逐的缓冲地带。俄国希望扩大自己在欧洲的利益，并且希望包围法国并进一步削弱法国，必然对普鲁士的发展给予一定程度的默许。而英国则希望出现第三力量以制衡俄国，因而也不会对普鲁士有过多的干涉。所以，崛起的普鲁士得以在均势中继续发展。

而不久，这个维也纳体系也将会灭亡。

关税同盟和工业革命

经济，或者生产力，决定了政治和文化。

那么，经济联系的加强，必然导致政治上的同盟乃至统一。

德意志的封建割据带来的是关税壁垒。普鲁士与28个德意志邦国接壤，有67种关税。从汉堡到柏林运一头活猪卖给熟食店，沿途层层关卡征收的税费足够把这头活猪从头到尾凌迟一遍，直接打入能参加动物残奥会的行列。层层税卡犹如一个个血栓，阻塞了德意志商业的血液流通。

经济学家李斯特倡议的关税同盟，开通了一条以经济统一为基础，实现政治统一的道路。李斯特，1789年出生于符腾堡，就读于图宾根大学。德意志统一是他毕生追求的梦想。

作为一个深沉热爱德意志民族的实践者，忍受着贫寒和奔波，李斯特担当了孔子周游列国般的伟大任务，四处游说德意志诸侯，传播自己关于关税同盟的构想。然而这个资本主义出身的思想，怎么会得到封建王朝的承认呢？特别是奥地利，这个封建正统的守护者，特蕾莎和弗兰茨的开明专制的精髓根本没有在奥地利得到流传。于是乎，本来就对统一德国不大热心的奥地利，坚决抵制关税同盟，尽管受到监禁，被迫流亡，但是在李斯特不懈的游说下，南德意志关税同盟得以建立。

与奥地利截然不同的是普鲁士的积极态度。傻子都知道，领导全德关税同盟的建立，对普鲁士的意义有多大，这将意味着普鲁士会成为德意志统一的旗帜（后来也确实如此）。

在普鲁士财政大臣莫茨和马森的努力下，普鲁士首先在邦内统一关税，随后也建立了普鲁士—黑森关税同盟（容克阶级的资产阶级化和之前的资本主义性质的改革，让普鲁士中的封建成分和奥地利相比相对要弱，因而霍亨索伦家族才能如此积极地去发展关税同盟。而只有使德意志保持分裂，各邦国互相制衡，奥地利才能继续维持对德意志事务的主导地位，特别是对普鲁士的压制，因而奥地利必然要维持德意志分裂的局面，因为倘若统一，奥地利已经无法和普鲁士争雄了）。继而联合了中德意志关税同盟和南德意志关税同盟，普鲁士主导建立了全德意志关税同盟。一个排除了奥地利的德意志经济统一区和经济政策体形成，从此资本主义发展的最大的枷锁——林立的关税被打破（之前的德意志，国内关税重重，英国的产品倾销却是畅通无阻），一个德意志全国范围的市场已经建立，德意志内部的经济联系得到加强。而奥地利也注定被排除在德意志统一之外。

分裂的壕沟正在填平，资本主义也正在腾飞。

不久，蒸汽机的巨响回荡在德意志的土地，第一次工业革命野火燎原。

而其中最耀眼的，是被迫流亡美国的落魄的经济学家李斯特倡导的国家政治经济体制理论，尤其是幼稚工业保护主义。依靠国家的力量发展经济，强调国家对经济管理的干预，提倡保护性对外关税。这

▲ 代表德意志民族的女神，下为七个选帝侯的徽章，从左至右依次为：美因茨大主教、科隆大主教、特里尔大主教、波西米亚国王、萨克森—符腾堡公爵、莱茵—普法尔茨伯爵、勃兰登堡藩侯

不仅符合了普鲁士本身的封建专制的色彩，而且在面临英国这个世界工厂的强大压力下，也是后发国家的必经道路。

工业革命，一如既往，在纺织业中率先爆发。英国的技术被大量引进，普鲁士的鲁尔区开始走上重工业基地的神圣之路。而普鲁士的教育和优秀的企业管理制度为此做出了决定性的贡献。又是李斯特，敏锐地意识到了铁路系统对德意志的重要性。李斯特总结性地指出，铁路与关税同盟足以唤醒德意志沉睡已久的经济潜力，并推进统一大业。1833年李斯特设计了德意志铁路系统，后来的德国铁路建设基本上便是以此为蓝图展开的。到1848年，全德意志的铁路系统已经建立，在蒸汽机车的轰鸣声中，城墙一道道倒塌，封建堡垒迅速瓦解。

革命迅速从轻工业转移到重工业。普鲁士的军国主义和争霸战争的需求，让矿山开发、让工厂林立、让铁路伸展。发展最快的当属军工产业，大名鼎鼎的克虏伯即发端于这一时期。在国民经济军事化的促进之下，普鲁士的经济迅速腾飞（事实证明，国民经济军事化是刺激经济发展的一条重要途径，但是过快的发展和不平衡，也必将导致经济的崩溃，所谓成也萧何，败也萧何）。

到了19世纪50年代，普鲁士的农业资本主义化彻底完成。由于工业革命的开展，城市工业和城市人口的增加，粮价的高涨，马铃薯烧酒在国外市场的畅销，又使容克倍感实行资本主义经营之有利可图。这些因素，推进了德意志的农业资本主义改造。所以就算1848年大革命并没有实现农奴的解放，但是到了1850年，普鲁士还是自上而下地完成了这个任务。1850年3月2日，普鲁士政府率先颁布新的《调整地主和农民关系法》，此后，地主庄园向资本主义农场的发展大大加速。19世纪60年代中，农奴实现了法律上的解放，普鲁士的农奴制最终被废除。到了70年代初，普鲁士道路在德意志的大部分农村取得了决定性的胜利。

农业资本主义改造的结果，使德意志的阶级关系发生了很大的变化。最为突出的是容克的分化。他们把在"解放农民"过程中获得的大量土地和赎金用于经营资本主义商业性的农场和农产品加工业。这些容克从"佩剑的骑士"一变而为"财富的骑士",商业市场、国家关税、民族统一等,才是与他们休戚相关的头等大事。正是这样的新变化,使普鲁士逐渐成为"一个非资产阶级分子日益资产阶级化的国家",成为最终完成德意志统一的"中心战场"。而普鲁士也变成了一个由容克和资产阶级联合的带有资产阶级民主色彩的政权,当然仍以容克为主导。此时的普鲁士国王腓特烈·威廉四世制定了一部新的宪法,设置两院制的议会,由贵族代表上议院,下议院则由民选产生。下议院由所有纳税人选出,但选举资格则基于缴税额,所以不能实现普选。宪法容许国王拥有任命部长的权力,并重建了保守的地方议会与州议会,也保证国王能操纵军队与官僚。尽管新宪法留下了这些专制的尾巴,但毕竟比以前更为自由。

在工业革命的促进下,普鲁士的政治更加发展,实力更加强大,统一旗手的地位,已经彻底奠定。

当然,普鲁士的国王还有一个竞争者,曾经亲密无间的朋友,现在却逐渐出现了裂痕。他们,就是资产阶级、工人、农民组成的国民。在工业革命的迅猛发展中,国民意识渐渐觉醒,所以起义和革命,也是春风吹又生。

于是,自上而下的统一力量和自下而上的统一力量开始了猛烈的碰撞。

1848 年

1817~1819 年的大学生运动,掀起了德意志第一次立宪运动浪潮,标志着"自由与统一"运动的开端。尽管大学生运动被镇压，但是 19 世纪 30 年代，法国七月革命的胜利，使自由派重新振作，掀起了第二次立宪运动浪潮。民族统一遂很快成为自由主义运动的主题。1832 年 3 月"新闻和祖国协会"成立，明确提出议会的目的是"以民主的精神，组织一个德意志国家"。协会在各地建立分会，甚至波及南德、中德和西北德。"新闻和祖国协会"是继大学生协会之后，又一个超越邦界的全德性政治组织。它顶住反动势力的高压，号召各邦人民奋起投入"统一与自由"运动。在协会的感召下，不少地方群众举行政治集会，民族统一和人民主权成了共同的呼声。各地起义纷纷爆发，各诸侯国也不得不采取了妥协政策，开始了这样那样的改革。在 19 世纪 30 年代自由派运动最显著的进步就是：运动的范围不再局限在单个邦国以内，而是开始发展为全德各邦的共同行动；运动的主要成员，不再仅仅是知识理论界，而且包括小资产阶级和手工业者阶层。汉巴哈大会的召开就是这一进步的集中表现。参加者有手工业者、手工业帮工、农民、知识分子、波兰侨民和法国的民主主义者等共 3 万人。几乎全德各城市都有代表出席。摆脱国内外的暴虐统治、废除君主制、建立统一的德意志共和国成了大会的中心议题。大会举行了声势浩大的游行，以象征着自由的黑、红、金三色旗为先导，佩戴缀有"振兴德国"字样绶带的维持秩序者分列两旁，"人民万岁"、"自由统一的德国万岁"等口号声此起彼伏，响彻云霄。汉巴哈大会实际上是一次盛况空前的"全德人民大会"，史称"汉巴哈庆典"。它表明，超出地区和邦国界限的全民族的政治运动正在出现，在德意志开展大规模的人民革命运动的先决条件已经具备。奥地利的梅特涅深感惊恐，连忙着手镇压，但是浪潮滔滔，无法遏制了。

进入 19 世纪 40 年代，德意志的"统一与自由"运动取得了历史性的进展，形成了要求"统一与自由"的民族运动。随着工业革命的进行，德意志工业资产阶级登上历史舞台，他们同贵族自由派一起，成为运动的领导力量。深受封建割据统治之苦的小资产者以更激进的姿态投入运动。反对派的政治、经济主张已不是单个邦国、某个阶层的利益体现，而是反映着时代的要求，具有全民族的普遍性。因此，严格意义上的、全德范围、全民族范围的德意志资产阶级自由主义运动是从 19 世纪 40 年代开始的。

资产阶级自由反对派的力量集中在工业发达的普鲁士，特别是西里西亚、莱茵河两岸和东西普鲁士更是反对派活动的中心。

1840 年 6 月 7 日，普鲁士国王腓特烈·威廉三

▼ 德国 1848 年革命

世去世，其长子继承王位，是为腓特烈·威廉四世。这个被称为戴王冠的"浪漫主义者"的登基，点燃了人们对于实行宪政的希望。1845年，大部分普鲁士省议会都向普王递上了要求立宪的请愿书，其中以莱茵区最为积极。

然而，大多数资产阶级自由派在政治上属于温和的自由主义，要求改革，但又畏惧革命，只希望通过和平手段，即与国王、贵族达成协议来实现自己的政治纲领（这也就为1848年革命的最终失败埋下了伏笔）。当然国王公开拒绝立宪君主制的态度使人们消除了对新王的幻想，明白要在普鲁士通过和平的途径改变现状是绝不可能的，必须以斗争求变革。

小资产阶级激进派有着比资产阶级自由派更为强烈的政治主张。路德维希·伯尔尼（1786~1837年）、亨利·海涅（1797~1856年）在书报检查制度的压迫下，进行顽强的斗争，在文学的冰层下面泛起民主的波浪。同一时期，在哲学领域也出现了"青年黑格尔派"，主要代表人物有大卫·施特劳斯（1808~1874年）、布鲁诺·鲍威（1809~1882年）、路德维希·费尔巴哈（1804~1872年）等。他们发扬了黑格尔哲学的革命方面，从批判现存的宗教观念入手去批判旧制度。他们甚至还成为了马克思、恩格斯的伟大思想的源泉。

1842年1月1日，《莱茵报》在科隆的创刊，使资产阶级自由主义运动中的民主主义力量不断壮大。在反对封建专制统治的斗争中，它发展成为进步力量的机关报。青年马克思、恩格斯经常为该报撰稿。1842年10月，马克思任该报主编。在马克思的领导下，报纸的视野大大拓宽，开始把重心转向人民群众，革命民主主义倾向越来越鲜明。《莱茵报》虽然最终被封闭了，但它在批判现存制度、动员人民奋起斗争、推进"统一与自由"运动上，起了积极的作用。1843~1846年，"统一与自由"运动向纵深发展，突出的特点是运动已为广大群众所接受，大规模的政治集会和游行在各大城市纷纷举行。推动德意志社会前进的基本力量正在显示出巨大的作用。

1848 年的风暴，正在酝酿。但是失败的原因，已经开始浮起。

19 世纪 40 年代是德意志资产阶级自由主义运动高涨、资产阶级革命酝酿时期，也是工人运动、社会主义运动从初生走向成熟的决定性阶段。德意志社会中，资本主义同封建主义、工人与资本家的矛盾互相交织。三大工人起义之一的西里西亚纺织工人起义爆发，受着封建压迫和资本主义压迫的工人们纷纷奋起反抗。年轻的德意志工人阶级以自己的无畏行动吸引了全德舆论的注意。在完成德意志民族民主革命任务的斗争中，在资产阶级变革的前夜，资产阶级的背后到处站立着无产阶级。西里西亚纺织工人起义同法国里昂工人起义和英国宪章运动一样，是国际工人阶级最早的独立运动，标志着无产阶级以独立的力量登上政治舞台。而马克思和恩格斯的出现，又让工人的力量迅速强大，强大的理论和奋起的人们，让工人阶级已经成为了不可忽视的力量。

舞台上的聚光灯已经亮起……

连续几年的农业歉收以及英国经济危机的波及，已经导致了社会的动荡不安，起义接二连三的发生——马铃薯暴动、日耳曼学者会议（被誉为思想界的邦议会）的召开、慕尼黑的大规模游行，德意志以奥地利为首的封建势力，渐渐觉得管不住这股不断爆发的国民力量了。

而与此同时，普鲁士的腓特烈·威廉四世，为了解决国内财政枯竭的问题，希望通过召开议会来换取资产阶级更多的支持。结果是国王的批准税收权和国债批准权满足不了资产阶级的愿望，他们希望的是立宪和资产阶级代议制，所以他们毫不犹豫地否决了国王两项借款的议案，国王也恼羞成怒，解散了联合邦议会，双方不欢而散。

在议会解散之后，北德意志各邦的政治动乱被大大激发，矛盾已经一触即发，就如恩格斯所形容——只有上层贵族和上层文武官员是现存制度的唯一可靠的支柱；下层贵族、工商业资产阶级、各大学、各级学校的教员甚至一部分下层文武官员都联合起来反对政府；在这些人后面还有心怀不满的农民群众和大城市的无产阶级群众。而就在这样的时候，各邦政府却顽固地沿着那条必然要引起冲突的道路走去。

所以，1848 年 2 月，法兰西的革命火花一点燃，德意志的火药桶就开始爆炸了。

三月革命，南德意志诸邦几乎都组建了由资产阶级自由派参加的内阁。维也纳革命，自喻为民众起义的灭火员的梅特涅仓惶出逃，德意志最大的封建势力全面崩溃。而在普鲁士，柏林革命，国王的军队在起义军的威力下不得不撤退，威廉四世也只得耻辱地向参加起义的群众屈服，自由派的内阁得以组建，普鲁士全国起义如烈火燎原。

然而就在人民群众欢庆的时候，资产阶级已经第一时间和贵族与国王妥协了，上层建筑改变，封建基础没有动摇，他们主张走合法的议会制，建立君主立宪。1848 年 5 月 18 日，法兰克福议会——全德国民会议召开，这是自下而上革命最关键的一刻，然而他一开始就否定了自己，默许了德意志各邦议会的存在，承认了德意志的割据，而且很快就陷入了以普鲁士还是奥地利为核心去统一德国的争论中。在"小德意志"（不包括奥地利）和"大德意志"（包括奥地利）的统一方案之争中，"大德意志"方案因奥地利要求将非德意志民族纳入新德意志帝国而失败，所以议会的最后结果是封普鲁士国王为统一的德意志帝国皇帝。

就在资产阶级拖拖拉拉的时候，随着巴黎六月革命的失败，封建势力已经开始反击了。奥地利皇帝卷土重来，却被维也纳人民赶跑。普鲁士方面，威廉四世也不肯拾取"沟渠上的皇冠"，他解散法兰克福议会，镇压了德意志境内的护宪运动。普鲁士的成功和奥地利的失败形成鲜明对比，经过 1848 年的洗礼，普鲁士俨然成为了德意志各邦君主们的救世主，在德意志的争霸中为自己加上了一个重重的砝码。

那么，这次轰轰烈烈的 1848 年起义为什么会失败呢？也就是说，

德意志自下而上的革命为什么不可能成功？关键一点，还是被众多教科书所传唱的——资产阶级的软弱性。虽然是老生常谈，但是必须承认，他们很软弱，也必须软弱。我们不妨站在他们的立场来看待这个问题。现在国王们已经有所让步，自己的目的已经差不多达到。而德意志相对英、法各国长期的经济落后（虽然爆发工业革命，但是在 19 世纪前半期，普鲁士还是一个农业国，普鲁士的铁产量每年只有 5 万吨，远低于英、法、俄等强国），他们的力量还是分散薄弱的，国家的分裂使他们难以统一起来，他们未必能长期地压制国王，不能得寸进尺，

▲ 在法兰克福圣保罗教堂召开的德意志联邦会议

不然到手的鸭子可能会飞了。而另一方面呢，不同于英国革命的时候，在工业革命爆发之后，在空想社会主义和马克思的影响下，工人的力量已经得到了彰显，他们希望控制时代的欲望溢于言表。对于新兴的无产阶级，资产阶级仅凭自己的力量也镇压不住。所以现在他们面临两个敌人，一个是刚刚诞生，正在喷发活力的无产阶级，一个是垂垂老矣，日薄西山但还颇有力量的老同盟，他们会选择哪一方呢？他们只是为了牟利，好好经商才是他们想要的，革命意味着动乱，动乱怎么赚钱呢？而他们是那么不成熟，目前的让步已经让他们满足了，或者说，从一开始，他们只是想吓吓那帮君主们，他们要的只是和君主们同盟，共同去镇压被剥削的下层。因此他们所表现出来的软弱更多地是一种对现实既得利益的妥协。

起义阶层的不团结，从一开始就注定了他们的失败。而资产阶级后来也尝到了苦果，失去了他们可怕又可爱的同盟军之后，他们很快就变得无力，所以起义自然而然失败。长期的分裂和封建势力的压迫，让德意志资产阶级的力量薄弱，而迟来的革命时机已经让他们将来的天敌出现，所以德意志的资产阶级注定会背叛革命，这就注定了德意志自下而上的革命的失败。唯有到了后来，德意志统一，经济进一步发展，他们才抬起头来，推翻了他们的君主。

统一的前夜

镇压了 1848 年革命以后，普鲁士俨然是德意志中小邦的救世主。普鲁士国王腓特烈·威廉四世依仗其雄厚的经济、军事实力，试图利用尚未平稳下来的中欧混乱局势迅速扩大普鲁士的势力和影响，以称雄德意志。他设想：通过自由协商，全德各邦（不包括奥地利）结合成为一个联邦国家；普鲁士国王应处于首脑地位，但不设"皇帝"称号，只设"帝国理事"，在其周围可以有由 6 个邦的君主组成的诸侯顾问团；各邦保留比法兰克福议会的宪法所规定的还要多的权力；帝国应有一个代议机构，按普鲁士的三级选举法选出；与哈布斯堡帝国建立一个"更广泛的联盟"。

可以说此时的普鲁士力量已经很强大了，因而踌躇满志的腓特烈·威廉四世，开始挑战欧洲均势的体系。

奥地利一直支配德意志联邦，但联邦在 1848 年革命后瓦解。腓特烈·威廉四世不甘再受制于奥地利，遂于 1850 年成立由普鲁士领导的埃尔福特联盟，以期统一德意志各邦国。而联盟一建立，就立刻引起轩然大波。欧洲宪兵俄国勃然大怒，对普鲁士提出严重警告。奥地利也正式恢复了德意志联邦会议，和普鲁士针锋相对。

但是普鲁士还不死心。1850 年 9 月，黑森—卡塞尔人民起事，选侯吁请联邦议会协助镇压骚乱。普鲁士对于这个处在莱茵兰和勃兰登堡的要道中的国家神往已久，为了避免奥地利对此地区的干预，所以普鲁士立刻派兵进驻黑森。奥地利反应很强烈，立刻联合巴伐利亚进军黑森，而俄国也公开扬言普鲁士背信契约，不惜与之一战，并且大力支持奥地利。

普鲁士感到极其震惊，在国内主战派和主和派的一番角逐之后，威廉四世认识到，一个外交上的屈辱比一场在 1848 年革命以后的冒险战争更为可取，于是决定对奥和解，签订了《奥尔米茨条约》。普鲁士承认奥地利有权进军黑森，并声明他派军进入黑森完全无意干涉德意志联邦的事务，而是为了维护合理的君主政权，实际上是对自己的军事行动表示歉意。并且自己解散了埃尔福特联盟。尽管德意志的激进分子都认为《奥尔米茨条约》是个极大的耻辱，但是这不失为一个明智之举。此时奥地利尚有颇大的力量，与之一战，普鲁士没有必胜的把握，更重要的是俄国还很强大，这个欧洲宪兵只允许普鲁士做北德意志的老大，和奥地利相互牵制，绝不允许出现统一的德意志。所以毫无疑问，此时普鲁士倘若一战不过是自取灭亡，而普鲁士向奥地利称臣，暂时忍让，也就粉碎了奥地利希望借助俄国削弱普鲁士的目的。在羽翼未丰时就去挑战现有强权，是轻率而愚蠢的，一时的忍耐是为了等待更大的反弹。

普鲁士当然不会就此善罢甘休，普奥争霸将继续下去……

可以说这时的德意志，没有实力去单独和当时欧洲的霸主沙俄叫板，也就是说，仅凭德意志的力量，在当时是不可能独自去打破欧洲大陆均势的地缘政治格局的（曾经最为强大的奥地利哈布斯堡王朝也因三十年战争而衰落，而后来西班牙的哈布斯堡家族甚至绝嗣，这就彻底封杀了奥地利打破均势格局，统一德国的可能性）。被深深地牵制在欧洲大国博弈中的德意志，若是要统一，就必然要抛下一部分，也就是说，列强们削弱德国的目的必须得到满足。因此，二元制的出现，可以说是在那个时代，德国统一的唯一出路。当时的奥地利背负了太多的包袱，除了欧洲的列强之外，也受到了奥斯曼土耳其的牵制，同时本身作为一个外来民族的王朝，从民族根源来说，也未必合适。而且奥地利的君主们也放弃了在二元制中再度崛起的机会。是的，德意志内部势力的相互对抗，虽然是一个让德意志统一力量削弱的机制，但是也让德意志各邦国，获得了在对抗中发展，在分裂中统一的机会，在欧洲的力量核心的纵横捭阖中渔利的机会……

而现在，二元制已经成熟了，并且也走向崩溃的边缘，只要再给奥地利一次打击，只要普鲁士再走多一步，普鲁士就完全拥有了排除奥地利，统一德意志的能力，奥地利也就没办法依靠自己的力量去维护德意志分裂的局面。

现在差的，只是一层伪装，一层在均势之下崛起的伪装，还有一个时机，一个力量中心衰弱的时机。

很快，第一个时机就到来了，这就是1853年爆发的克里米亚战争，其间接后果就是开始打破欧洲力量均势对德意志统一的压制。

　　尽管在拿破仑战争之后，沙俄用庞大的代价（莫斯科的陷落和无数士兵的生命）换取了欧洲宪兵的霸主地位，但是沙俄的荣光之下却是封建制度的垂垂老矣，自叶卡捷琳娜女皇之后，沙俄君主引领的改革就丧失了活力。而在抗法战争中，沙俄的士兵们远征法兰西，更是打破了这个大国思想中的闭塞，法国民主共和的思想在军官之间广泛传播，结果是爆发了十二月党人的运动。商品货币经济的发展已经让罪恶的农奴制失去了继续存在下去的理由，农奴的起义接连不断。

　　而现在，沙俄还是那么狂妄地在欧洲大陆上呼来喝去，终于，如日中天的大英帝国忍耐不住了，终于，沙俄和整个欧洲为敌。

　　奥斯曼土耳其的衰落，让沙俄开始觊觎其在多瑙河畔的领地，希望打开一统斯拉夫的光辉大道，直接去参与分割巴尔干半岛的利益。而此时的法国皇帝拿破仑三世，采取交好英国的策略，在英国的耐性之内进行殖民扩张，因而英、法进入了难得的蜜月期（比如说臭名昭著的第二次鸦片战争英、法联军侵华）。俄国想控制中近东的重要海峡对以海洋为生命的英国来说是不可接受的，加之在其一贯的大陆平衡政策看来，如今的沙俄已经足够强大了，倘若纵容下去，俄国可能会发展成控制欧洲大陆的霸主。所以在俄土之争中，英、法站到了异教徒土耳其一边。在沙俄对奥斯曼土耳其宣战后立即对沙俄开战。奥地利因为俄国要在多瑙河区域扩张而感到恐惧，因而对于这个之前遏制普鲁士的盟友的窘况也保持中立态度，后来甚至加入英、法对抗沙俄。

　　但奥地利这种目光短浅的做法无异于是自杀。沙俄向巴尔干快速推进固然是对奥地利的巨大威胁，但是基于奥地利帝国内部事务的极端复杂性，与北部的普鲁士、西部的撒丁王国之间存在着不可避免的矛盾以及对沙俄在1848年革命中对自己的救命之恩，奥地利完全没有必要把自己过早地暴露在沙俄的对立面上。而应该在沙俄瓦解奥斯曼土耳其的同时表示出适度的亲善，并借着基督教的名号将自己的势力范围扩张到至少波斯尼亚地区，巩固意大利北部的固有领地，造成将亚得里亚海北部圈入帝国控制的事实。这样的话，就可以坐山观虎斗，坐视英、法与沙俄的死拼。如果沙俄战胜，那么英、法会更加敌视沙俄，一旦沙俄大举西进，一方面普、奥唇亡齿寒会联手对敌，一方面英、法的资本、人力会注入，帝国内部的匈牙利人作为帝国军队的重要组成也会死拼沙俄，所以完全无必要担心沙俄西进的问题；如果沙俄战败，就像历史的发展一样，那么奥地利可以获得沙俄的好感，在与普鲁士发生战争之时有望到沙俄借力，普鲁士也会有后顾之忧。

奥地利的最终目标应该定位在摇摇欲坠的那不勒斯王国，那里也是传统的天主教教区，缺乏强有力的领导并且地理位置重要，一旦获得，奥地利就获得了一片富庶的税区，并能打开南下的大门，控制整个中地中海，这个目标相对于与好战的北部邻邦普鲁士在德意志的框架内拼个你死我活要简单得多。

这样布局，无论沙俄与英、法的战果如何，奥地利都将凭借自身的实力稳固北意大利，拓展巴尔干的势力范围，同时稳定国内至少天主教徒的向心力，以一种相对稳定的态势进入第二次工业革命中。

由此可见，梅特涅以后的奥地利外交决策者，都缺乏他那种自制、冷静与平衡的作风，缺乏大局观和平衡感，忘记了他的箴言，"化解他人的利益比亟于追求自身的利益更为重要"，"一无所求，收益反大"，而是服从于自己的贪欲，不愿放过任何一个增加皇朝威望和帝国荣耀的机会。奥地利与沙俄在巴尔干的角力，最终毁掉了一个千年帝国。

相比之下，普鲁士保持中立的外交策略要明智得多，两边都不得罪，乐得看奥地利与沙俄的亲密关系由于争夺巴尔干而决裂（尽管此举招致了英国和奥地利对普鲁士"动摇的政策"的不满）。不得不说的是，尽管这个时代政治制度和意识形态的矛盾并没有很强烈，但是普鲁士在其自上而下的革命中建立了一个颇为有利的政治制度——半专制主义的君主立宪制。倘若是一个纯粹的资本主义民主制度，普鲁士的外交就会完全偏向英国，受英国控制（当时资产阶级自由派就是如此），而如果是纯粹的封建制度，就意味着容克占了绝对优势，那么这帮亲俄的哥们儿将完全断送德意志的统一良机。而普鲁士恰恰建成了一种过渡性质的混合制度，也因此有利于其开展独立自主的外交。

在科技和制度上的落后，让沙俄没有悬念地输掉了这场战争，输给了英、法和撒丁王国的同盟军。而此战之后，俄国立刻陷入了政治的动荡之中，对内，进行农奴制改革，对外，在西方的受挫使其战略重心转向东方，对满清虎视眈眈。此战之后，奥地利和沙俄的关系彻底破裂，沙俄的橄榄枝投向了普鲁士。而且在 1863 年波兰爆发大规模起义的时候，普鲁士出兵帮助沙俄镇压起义，也换来了沙俄天平之上的大砝码。

在 19 世纪上半叶，普鲁士在欧洲大国中的地位是最差的，不仅在地理上被强邻包围，而且被国内和德意志内部的问题所困扰，根本不可能在欧洲事务中发挥更大的作用。尽管其拥有巨大的潜力：它的教育制度在欧洲无与伦比；它的行政制度富有效率；它的军队令人生畏，特别是其独特的总参谋部，很早就在研究战术和战略的改革。但事实是，要到自由主义者和保守分子之间的内部政治危机得到克服，上层有一个坚定的政治领导来代替摇摆不定的腓特烈·威廉四世，以及普鲁士的工业基础得到发展以后，这种潜力才能被利用。

而每到历史的转折时刻，都会有关键性的人物出现。终于，德意志在统一的道路上等来了自己的幸运星，一个从中世纪以来在德国和欧洲历史上最伟大的德国政治人物以强硬的姿态出现在历史的舞台，他，就是铁血首相俾斯麦。

第二章

铁血首相登场

问题青年

　　奥托·冯·俾斯麦出生于《德意志联邦条例》签署 46 天前的 1815 年的 4 月 1 日。出生那天没有什么天降祥瑞，甚至连滴雨都没有下。

　　那是一个星期六的下午，出生地是柏林以西一百公里的申豪森庄园。其父费迪南德是一个小贵族，有典型的容克贵族拥有的庄园、牛羊、麦田及木材林地。容克阶层与英国乡村地主阶层非常相似，他们靠土地为生，靠挤牛奶，经营自己的木材厂，去市场出售羊毛维持生活。尽管在田庄里劳作，他们仍为自己出身于高贵的血统而自豪。俾斯麦的家族于 1415 年发源于斯图加特，其历史甚至早于普鲁士王室的霍亨索伦家族。俾斯麦曾经说过：普鲁士的王族源自斯瓦比亚，并不比我的出身更高贵。大多数容克家庭都虔诚、自律、节俭，他们把一生都献给土地、教堂和王室，甘于服兵役，服从上司管理，他们并不关心其生活以外的世界。俾斯麦本人从未把德意志南部或信奉天主教的德国人看作是真正的德意志人。容克阶层对欧洲的大都会，如巴黎、维也纳和伦敦等并不感兴趣，如果他们把眼界投向庄园以外的话，那就只有柏林，那个正在发展中的如同古希腊的斯巴达城邦的首都。

　　和那些选择从预备军校读起的贵族子弟不同，由于有一个出身中产阶级，具有强烈自由主义思想的母亲，俾斯麦从七岁开始就被送到遥远的柏林，接受了当时最新式的人文主义教育。

他从 12 岁到 17 岁，一直都在格罗克罗斯特高等学校学习。上学期间，他发现仇恨贵族的学生与日俱增，学生们大多是平民子女，这种环境反而增强了俾斯麦的门第自豪感。再加上对其母亲的逆反（俾斯麦终其一生从未说过母亲一句好话），使俾斯麦对自由派深恶痛绝。俾斯麦的自尊心很强，对于伤害自己自尊心的言行，他绝对不能容忍。这养成了他喜怒无常、跋扈的性格。他常常显得傲慢，对他的老师们表现出蔑视。他早上喜欢睡懒觉，到了下午就精神起来，晚上通常是俾斯麦精神焕发的时间（政治家似乎都喜欢晚上工作）。他无意于研读希腊、罗马的遥远历史，却对近代欧洲的国际政治深感兴趣。他厌恶数学课程，却说得一口好法语——顺便补充一点，在当时法语是欧洲外交界的公共语言。不仅法语是缔结国际条约的标准语言，而且除了英国外交官之外，其他各国的外交官不仅见面时用法语直接交谈，甚至私下的信函也是用法语书写。这一阶段的俾斯麦在文学领域也表现了超乎寻常的热情，他最为喜爱的是德意志的歌德与席勒以及那个遥远的莎士比亚。相比之下，俾斯麦虽然说得一口好法语，却对法国文学并不感冒。

17 岁的俾斯麦进入哥廷根大学就读。这所学校牛到什么程度？只要提一下叔本华和马克斯·韦伯似乎就够了。在当时，这是一所拥有 95 年历史的名校，是德意志浪漫派先驱诗人们集会的中心。确实很难想象，在这样的一所文气洋溢的校园内，却孕育出了一个德意志的铁血宰相，欧罗巴的第一流战略巨匠。不过对于俾斯麦的大学同学们而言，这个结果并不意外。因为大学时代的俾斯麦在哥廷根绝对是一个异数。他不仅蓄怪发，穿奇衣，而且总是腰佩一把长剑，脚穿配有铁后掌和大马刺的靴子。似乎他进出的不是大学教室，而是中世纪的骑士会议厅。英国有一句谚语——"If trouble don't trouble you,

you don't trouble trouble ." 中国的说法是——"有事不怕事，没事别惹事。"而问题青年俾斯麦的信条与此截然相反——"If trouble don't trouble me，i will trouble trouble."——"就怕没有事，没事也要惹事！"入学后，他在九个月内进行了 25 次决斗，但只有一次略受轻伤。同学们给他起了三个绰号，分别为"金柯甫"、"卡素比"、"阿里"，这三个绰号只有一个意思：怪物。

俾斯麦在大学期间几乎总是与外国人交朋友，其中有两个成为他终生的挚友——因为他们与俾斯麦结交的其他密友不同，绝不会因为政治上的分歧而绝交。这两个朋友，一个是约翰·洛斯罗普·莫特利，美国人（未来的历史学家，所著的《荷兰共和国的兴起》，成为 19 世纪学界的里程碑），对任何事物都没有什么偏见；另一个是柯雪林伯爵，库尔兰人，知识渊博。俾斯麦到了晚年的时候最亲密的朋友只有他们两人。莫特利年轻时是个想象派作家，曾刊行了一本名叫《奥托·冯·雷本马克》的小说（雷本马克是莫特利对俾斯麦的戏称，其中"雷本"有"无赖"之意），这本小说里活灵活现地描写了这个时期的俾斯麦。小说里写道："他年纪很轻……还未到 17 岁，但是他很聪明……我所见的人都远远不如他。……我很少见到过像他这样面目可憎的人……但是我却和他相处了很久……刚开始我觉得他长得还算过得去。他一头凌乱的头发，呈杂色，介于红与白而带橙色之间，满脸都是雀斑，两眼中心无色，眼睛旁边好像有一圈红线。他的脸上有一大块伤痕，从鼻子尖一直到耳朵旁，缝合了十四针，是新近决斗留下的纪念……他最近又把一旁的眉毛剃去了，他的脸成了一张令人恐惧的怪脸，这是独一无二的。他身材瘦小，好像还没有完全发育开，但是个头却不矮。……他穿了一件不成样的褂子，既无领带也无扣子，没有颜色，没有款式；穿的是非常宽大的裤子，铁跟的靴子，带着极大的靴底。他的内衣领没有领带，翻过去盖住两肩，头发拖在耳朵与脖子上。嘴上是似有似无的胡子，说不出是什么颜色，一把佩刀挂在腰间，这就是他的面貌与打扮。"

莫特利还告诉我们，这位怪异的贵族公子会弹钢琴，会拉提琴，会说四国语言。

只有当他们两个人在一起的时候，他才说较为文雅的话。俾斯麦说："我喜欢用这种方式羞辱人，想出种种办法，试图闯入最好的群体。当然，这只是儿戏。我只有一个想法，我要在这里领导我的同学，正如我将来要统治一个国家一样。"莫特利，这位少年小说家写道："这里有一个英雄的好材料被糟蹋了。"这是他在第一个学期之后对他的同学俾斯麦的评价，此时，恰恰是俾斯麦成名的十年以前。

有一次二人一起庆贺美国独立日，逐渐说到了德意志的统一时限。俾斯麦坚信25年之内，德意志必然统一，莫特利则持相反意见。最终二人进行了一次豪赌，赌注是25瓶香槟酒。

事实证明，年轻的俾斯麦还是太过于乐观了。在之后的25年内，二人经历了各不相同的风风雨雨，欧洲与世界都发生了重大的变化，唯独德意志依然一盘散沙。但是，令这次香槟豪赌的胜利者做梦也没有想到的是，仅仅在这个赌约被验证失败的十年之后，一盘散沙的德意志统一了，而更出乎他意料之外的还在于，完成这一伟业的正是赌约的失败者。

浪子回头

俾斯麦在1833年离开哥廷根大学，转入柏林大学就读，并最终在1835年获得司法见习生的身份。其实，俾斯麦并不喜欢做这些无聊的事，他之所以决定去当律师是因为这样就可以避免当军人。他说道："我的父母总是逼我当军人，被我拒绝了，最后，我居然说服了他们。"

俾斯麦其人身高超过 6 英尺，宽肩、胸阔，下肢修长，体格健壮，是一个非常棒的游泳好手和剑术专家，却极其厌恶陆军的操练。但是对于父母希望他进入宫廷，他只好让步，他说："我并不想进宫廷，但是父母坚持要我去，他们的努力当然是为我好，因为进入了宫廷，我一定会前途无量。"后来，俾斯麦参加了一次宫廷舞会，普鲁士亲王、未来的威廉一世（这时他的年岁比俾斯麦长一倍）同他说话时，看到这个少年律师却有卫队将官的身材，禁不住诧异地问道："你为什么不当军人？"

俾斯麦答道："殿下明鉴，我在军营里并无升官的希望。"

亲王说："我看你当律师，也不见得会有什么好前程！"

这是俾斯麦第一次与威廉亲王谈话。从这次舞会中两个人的对话里我们可以窥见两个人在性格上的差异。威廉无一处不是军人，俾斯麦却无一处是军人。当威廉亲王见到俾斯麦有着魁梧的身材而不去当军人表示诧异时，这个贵族公子却借口于无升官的希望来搪塞他。后来俾斯麦常常使用这种借口来对付威廉，以遮掩其中的真正缘由，用意在于不伤害威廉——这位普鲁士人的军人荣誉感。

虽然俾斯麦和他母亲的关系依然紧张，但正是这位普鲁士前外交官的女儿一门心思地希望俾斯麦能够进入外交界，一振家风。

但现实与希望之间总是存在着遥远的距离。在大学毕业之后，虽然俾斯麦的母亲托尽关系联系上了普鲁士的外交大臣约翰·冯·安西隆，但是最终俾斯麦还是没有得到外交任命。可能确如俾斯麦自己回忆的那样，安西隆看不起他这种土里土气的乡下少年，但也有可能是安西隆对俾斯麦动不动就要舞刀弄棒的性格感到不安，或者可能还有其他理由。总之，俾斯麦没有进入外交界，出于对陆军管理方式的不能接受，俾斯麦也没有去参军。他选择了在法律界与地方政府相继供职，后来甚至年纪轻轻就辞职回乡，当起了庄园主。

当了庄园主的俾斯麦依旧不改"恶少"本色。有一天，俾斯麦到外地去玩，住在一家旅社。俾斯麦的房间没有电铃，于是他把旅馆的主人叫来，要求装一个电铃。旅馆的主人不想花这笔额外的开支，便说："我们旅馆没有一个房间有电铃，你若要装，得自己付钱。"等旅馆主人走了以后，俾斯麦掏出手枪来，"砰！砰！"地连放几枪。大惊失色的旅馆主人跑回来说："你怎么可以无缘无故地乱放枪？"俾斯麦若无其事道："我在叫茶房呀！"

那晚，他的房间装上了电铃。同时，问题青年俾斯麦也荣获该地区特别荣誉称号——"疯子"。

人这一辈子总会遇上开窍的机会，开窍之后往往会判若两人。俾斯麦同志被人"疯子"、"疯子"地叫了一阵子，觉出不对头来了——行事荒唐，年纪轻轻就成了别人口中的笑柄，偌大一个农庄，如果在我手中败落下来，岂不成了家族罪人。

这还是说出"我的天赋不受人指使"的那个人吗？

于是，俾斯麦决定洗心革面，重新做人——首先从经营农庄开始。优选育种、科学轮作，数年下来，农庄作物产量竟然增长了三倍（别忘了俾斯麦是学法律出身的）。与此同时，他还如饥似渴地读书，尤其钟情于历史方面的以及英国人所写的小说，如菲尔丁的《汤姆·琼斯》和劳伦斯·斯特恩的《项迪传》。

经营农庄让俾斯麦的管理才能得以牛刀小试，但他不是那种"二十亩地一头牛，老婆孩子热炕头"就可以满足的人，不会被束缚在这份产业上，有更广阔的天地等待着他大有作为。

落潮总有涨潮时，蛟龙总有上天时。

1842 年的盛夏，在远东是第一次鸦片战争尘埃落定，天崩地裂新时代开幕的一年，在欧洲，27 岁的俾斯麦终于再次走出了乡村，先后游历了英国、法国与瑞士。他钟情于英格兰，有一段时间，甚至有过加入在印度的英国军队的冲动，但不久，冲动就消退了。他后来回忆道："我问过自己，伤害印度人对我来说有什么好处吗？"这次出行令俾斯麦眼界大开，也重新燃烧起俾斯麦心中的熊熊烈火。

1847 年，俾斯麦复出，出任河堤官，负责管理易北河河堤。就在这年的春天，为了筹集修筑一条连接柏林与东普鲁士的铁路的经费，普王决定在柏林成立一个联合邦议会，由普鲁士八省各等级代表组成。虽然俾斯麦坚称召开这个议会本身就是个错误，可是俾斯麦却很看重这次机会，想要进入议会。本来议会的代表都是老资格，俾斯麦根本没机会去竞争。但有一位在柏林的萨克森代表得了病，俾斯麦要了一些手段，最终顶了他的职，进了议会。正所谓"时来天地皆同力"，命运女神终于开始眷顾俾斯麦。

1847 年夏天，俾斯麦以议员的身份来到了柏林，一颗欧洲的政坛新星即将冉冉升起。

政坛新星

俾斯麦早年曾经长期成为一个怀疑主义者与旁观者（大概与他的父母都不信教有关系）。相比之下，有多少昙花一现的人物，当时博得无数喝彩，欲侥幸而成大功，却终于随波逐流，淹没于历史的长河。俾斯麦直到 32 岁的时候才开始步入政坛，而一等他在现实中施展手脚，就显示出他是一个富有阅历、卓越不同的人物。巧合的是，也就是在这个年龄，凯撒才下决心放弃游手好闲的生涯，而在同样的年龄，亚历山大大帝已经完成他的事业，死在远征印度的途中了。功业的迟速不同，真是令人感慨啊！像亚历山大大帝和拿破仑那样的天才，百年一见，更多的人物，则都是要等到几经蹉跎才开始有所作为的。

柏林议会，从莱茵河到梅美尔，各省都有代表，其本身就是一个普鲁士统一的标志。让俾斯麦振奋的是，他终于进入了"战场"，在议会中可以大规模的"作战"。当他快要出门赴会时，他屡次写信给他的未婚妻，郑重地说："我现在要去打仗。"这个人物的精神，也许应该用他在八十岁生日时所说的话来概括："有创造的生活，是从奋斗中得来的。无斗争则无生活（听着好耳熟啊）"。这位伟大的斗士，也许会认为，他

▼ 中年俾斯麦

的一生就是在与停滞和无所作为做斗争。

他太过于骄傲，不肯做官；他太过于自由，不愿从军。现在他终于找到了一个用武之地，他认为值得为之奋斗。在他看来，作为一名人民的代表，就是要大胆说话，大胆做事，该拔刀出鞘时绝不犹豫。

但俾斯麦从来不是个自由民主派，相反，他属于那种从未忘记自己是哪个阶级代言人的人，坚决反对人民革命，拥护君主专制。当他认为统一的德意志有可能威胁到普鲁士的王权时，甚至一度坚决反对德意志统一，声称他"唯一要注意的事就是要保护和增加普鲁士的势力"。在1848年柏林爆发革命时，俾斯麦要带着家乡的农民去柏林"勤王"。他到处搜罗武器，在自己家中找出二十杆鸟枪，在村子里收集了五十杆枪，又派人骑马到市镇上买火药。当他的一位自由派邻居试图阻止他这样做时，他老是不客气地对这位邻居说，他敢阻止就开枪打死他。当俾斯麦带着一群乌合之众奔向王宫时，却被守卫拦住，拒绝让他入内。他去见国王的弟弟、普鲁士的威廉亲王（亲王是职业军官），建议由亲王取代国王，维持社会秩序，但被亲王拒绝。最后，普鲁士军队兵不血刃地又占领了首都。对此，俾斯麦评价说："我们是被普鲁士人特有的道德拯救了，老普鲁士人的荣誉、忠诚、遵纪和勇气感染了军队……因为我们是普鲁士人，并且永远都是。"只因革命要废除贵族制度及其他特权制度，俾斯麦便对此深恨不已。1848年革命后，俾斯麦开始在他的名字中加入 Von 字，在此之前，凡是签字，他的名字之前都没有这个"冯"（Von）字。他对一个自由派人士说道："我是贵族之子，我要享受我的地位和利益！"历史就是如此吊诡，俾斯麦这样一个自由派眼中彻头彻尾的反动派，却完成了革命性的事业，一手促成了德意志的统一，大大推动了历史前进的车轮。正如马克思所说："俾斯麦是1848年革命的遗嘱执行人。"

从33岁到36岁，俾斯麦都是作为一个职业议员。他以强有力的意志来补救他从前虚度的十年光阴。在此期间，俾斯麦常常出入宫廷，而他在议会的演说也给国王留下了深刻印象。他想做既有利于君主又有利于自身的事：以忠于君主而增加自己的势力，以扶助君主而改变自己的前程，以暂时巩固君主权力而为自己将来的势力奠定基础。俾斯麦虽然对君主忠心耿耿，但他从来不去刻意讨好君主，也不惧怕与君主发生冲突，因为他坚信自己比君主本人更了解如何去维护君主的利益。"普鲁士非因自由主义或自由思想而强大，反是历代有为睿智之良相辅国有功，极力耕耘吾国之军事及财政资源，并善加掌握，以待有利时机则可立即义无反顾地将其投入欧洲政治大局之中。"俾斯麦如是说。

而且此时他已经表现出一个辅国良相所具有的与众不同的战略眼光。在1850年的普鲁士进军黑森事件中，俾斯麦反对威廉亲王的主战意见，坚决主张与奥地利议和，哪怕这意味着普鲁士的耻辱。而在随后的克里米亚战争中，他再一次顶撞威廉亲王，反对向俄国开战，令威廉亲王怒不可遏。而这位有"炮弹亲王"之称的威廉亲王（腓特烈·威廉四世之弟）就是未来的威廉一世，将与俾斯麦共同完成统一德国的伟业。

几年的议员生涯后，俾斯麦走上了职业外交官之路。1851年，普鲁士需要派驻法兰克福联邦议会的代表，但无人愿去，考虑到俾斯麦来自普鲁士的偏僻地区且性格火爆，最后，该职位授予了俾斯麦。在法兰克福，这个最贴近德意志国际大都会的地方，目前占统治地位的是奥地利人，而俾斯麦的任务则是向奥地利人以及与会的其他邦国代表阐明：普鲁士人应该享有同哈布斯堡王室在德意志境内同样的权力和地位。

奥地利代表冯·图恩·海恩斯坦伯爵出身贵族，他视联邦会议的其他代表都低他一等。俾斯麦对图恩的行为非常恼火，当他与图恩首次见面之时，奥地利人不留意地只穿了一件衬衣会见俾斯麦，而俾斯麦则迅速地脱掉外衣，说："是啊。天太热了。"按照传统，图恩是唯一能在会议上抽烟的人，但俾斯麦改变了这一切，当图恩再次吸烟时，俾斯麦也掏出自己的雪茄烟，并向图恩借了火。

在此期间，他与奥地利进行关税谈判，阻止了奥地利试图加入德意志关税同盟的企图。多次出使法国，与拿破仑三世会谈，不顾普鲁士内部强烈的反法情绪，主张与法国交好，甚至建议邀请拿破仑三世来参观普鲁士的军事演习。此时的俾斯麦已经显露出一个实干家的本色，以实干代替空洞的理想，对待任何事情，只看重事态的轻重却不甚看重观念。

在外交策略上，他既反对浪漫派，也反对专制派，尽管他本人就是一个专制派。俾斯麦始终如一地用冰冷的目光审视着普鲁士的对外政策。"有人问我是亲俄罗斯人，还是亲西方"，在俾斯麦给在柏林的友人的信中，他是这样写的，"我总是这样回答，我是普鲁士人。我的理想对外政策是，大家都从偏见中走出来，去自己独立地做出判断，这种判断不要受对这些国家或君王的个人好恶所影响。我个人确实对英格兰及其属民抱有好感，甚至我现在也没有完全从感情的旋涡中走出来。没有人能让我们不爱他们，就如我所确信的。但只要能向我证明，某件事是符合普鲁士国家利益的对外政策，那么我会很乐意地看到我国的军队向法国人、俄罗斯人、英国人或奥地利人开火，这些人对我们来说是没有区别的。"在另一封他给其恩师与上级格拉赫的一封信中同样很好地诠释了他的实用主义思想："我只是因为法国会牵动我的祖国，所以，我才会注意法国。我们只能与法国发生政治上的关系，在我看来这个国家不过是政治棋盘上的一颗棋子，是一颗比较重要的棋子。我在下这盘棋时，心中存有的唯一使命是为了国家为了君主。我为我的国家利益而进行外交活动，我认为无论是我自己还是别人，对于外国人都不能有个人的喜怒恩怨，存有这样的喜怒恩怨就不是忠君也不是忠国。……在我看来，就连君主也不能使国家利益受制于这种喜怒恩怨之下……"惊人的冷静，精明的计算，顽强的意志，这就是俾斯麦。为了达成自己的目标，他今天是个保守派，明天就可以变作一个革命派，他令人难以琢磨，却是个不折不扣的天才。

正是在外交官的任上，俾斯麦形成了将奥地利排除在外的"小德国"的统一观。

"大德国"与"小德国"

此时的德意志依然笼罩在维也纳体系的天罗地网之中。普鲁士想统一德意志，必须排除三大障碍。一个是法国，一个是奥地利，还有一个是德意志境内那些抱定孤立主义姿态的小邦国。要解决第三个问题，必须通过普鲁士与其他各邦的协商与妥协，尤其是普鲁士的必要让步才能实现，这就为开篇的帝号争论埋下了伏笔。而前两者的解决则必须依赖军事与外交战略的综合运用。

其中奥地利虽然和普鲁士一样都属于广义的德意志范畴，可是奥地利帝国就大不相同了。当时的奥地利帝国控制着今天的奥地利、匈牙利、捷克、斯洛伐克以及意大利的相当一部分国土，帝国的触角还深深楔入巴尔干半岛，同时通过德意志联邦议会深刻影响着德意志诸邦中的很多小邦国。奥地利是一个无可争议的欧洲大国，而普鲁士只是一个德意志大国。这是一个庞然大物，却是一个日薄西山、苟延残喘的庞然大物。如果不是梅特涅的天才外交手腕，这个庞然大物早就不复存在了。在新时代日趋猛烈的民族大潮冲击下，该帝国的多元民族成分成了它的阿基里斯之踵。根据1840年的统计数据显示，这个帝国的人口构成如下：斯拉夫人1482万人，日耳曼人640万人，意大利人454.8万人，匈牙利人430.5万人，罗马尼亚人156.7万人，此外，还有大量袖珍民族人口未统计在内。结果就是奥地利不敢宣扬民族主义，尤其不敢宣扬德意志的民族主义。

如果由维也纳宫廷来领导德意志的统一，就必须做好放弃奥地利帝国境内大片非德意志领土的心理准备。同时，还要彻底降服普鲁士。对于前者，帝国首脑们不甘心。对于后者，则又没信心。结果就是奥地利帝国的国策是维持德意志的分裂现状，甚至要想方设法地限制普鲁士的发展与壮大。

反之，普鲁士对奥地利也不客气。腓特烈大帝正是靠了对奥地利的攻略，才奠定了普鲁士的强邦地位。对于后维也纳时代的普鲁士来说，如果它想统一德意志，就必须进行一个二选一的选择，要么追求一个包括奥地利在内的"大德国"的统一，或者反之追求一个排除了奥地利的"小德国"的统一。

在这个大与小的选择之间，普鲁士军政当局长期是摇摆不定，莫衷一是。倒是俾斯麦逐渐理清了思路，断然决定将奥地利排除在外，实现小德国的统一。要做到这一点，首先要逐步清除奥地利在德意志联邦中的影响力，而要清除奥地利在德意志联邦中的影响力，又要先将维也纳体系摧毁，这样才能避免欧洲列强对普鲁士的联合制裁——换言之，只要法、奥、俄三国之间能够形成共同维持维也纳体系的保守联盟，单凭普鲁士之力，就算得到了大英帝国的支持，也还是无法摧毁该体系。非常运气的，历史给德意志送来又一份厚礼，这个厚礼就是法皇拿破仑三世。这也是俾斯麦坚决反对与法国过早发生冲突的原因。

1852 年，拿破仑三世靠政变上台，复辟了波拿巴王朝。如前所述，维也纳体系其实对法国是非常有利的，它足以保障法国在欧陆的第一强国地位，前提是法国不能有过分的野心。可是，主政法国的拿破仑三世野心更大，不仅要做欧陆头号强国，而且要重现老拿破仑时代的光辉，而这个目标早就变得不合时宜了。

事实证明，拿破仑三世虽然没有战略头脑，却很有权谋手腕。他先是联合英国发起克里米亚战争，整个战争期间，英国仅能维系法国远征军一半规模的兵力，这使得拿破仑三世获得了很大份额的建议权。通过这场战争，英、法联盟重创了俄国，挫伤了奥地利与俄国的传统友谊，却反过来加强了普鲁士与俄国的睦邻关系。而战争最终达成的那个协议内容，本来完全是可以用和平的方法获得的。继而他又联合西班牙远征越南，与英国炮舰首相帕麦斯顿联手远征中国（是为第二次鸦片战争）。这几番行动下来，法国的国际声望表面上一扫老拿破仑战败之晦气，重现其世界大国的风范，实则把维也纳体系捣了个七荤八素，自己却没有足够的力量去填补权力真空。反而在客观上造成了给普鲁士松绑的局面。

当此之时，欧洲又连续掀起革命风潮，其内容一半是针对君主制度的，一半是发泄民族主义诉求的。对于俄、奥这两个多民族的老牌君主专制国家而言，这两点都是天敌。这也是梅特涅能够成功运转维也纳体系，俄罗斯甘心做国际警察的重要原因。而对于普鲁士来说，反对君主制固然对它不利，但民族主义风潮却有助于它的统一。至于英国，则因为已经完成了君主立宪，而且不存在急迫的多民族问题，故而成为了置身事外的国家。最终只剩下法国必须做出选择。因为拿破仑三世不是正宗的欧洲皇室，所以他对于正统原则一贯是深恶痛绝。同时，他本人对于别国的民族主义革命一贯是抱有真诚的同情态度。从法国的国家安全而言，阻挠德意志统一实为其既定国策。出于对这个国策的贯彻，法国实在应该与奥、俄保持友好关系，共同阻挠普鲁士的统一运动。可是，拿破仑三世却图虚名，弃实利，选择了做欧洲革命风潮的精神领袖。他先是支持意大利独立，从而与奥地利帝国站在了对立面上。继而又在波兰独立问题上与俄国发生纠纷。这些都是自掘坟墓的做法，反观之，就是在免费地为德意志的统一做清道夫。

俾斯麦先知先觉地意识到，拿破仑三世做的事情客观上有利于德意志的统一。而且，君主专制抑或君主立宪还是废除君主制都属于内政问题，自然可以关起门来解决。可是德意志统一却是一个国际战略问题。既然拿破仑三世乐于做免费的清道夫，普鲁士就应该顺风行船，借力打力——长远讲要与奥地利维持睦邻关系，但短期内如果不能将奥地利淘汰出局，则德意志统一仍是一场梦幻。从根本上说，法国确实是普鲁士统一德意志的头号威胁源，可是不等于要立即与其摊牌。而且，正因为法国已经深深威胁到奥地利的利益，所以，普鲁士与拿破仑三世接近，才能切实地加强普鲁士对奥外交的分量。所谓"道固逶迤"，很多时候，最曲折的路线反而是最便捷的路线。

但是，当时的普鲁士当政诸公无此战略眼光，他们执着于意识形态上的反对革命风潮，又难以忘记耶拿之战的历史屈辱，故而视拿破仑三世的法国为头号敌人，反而觉得奥地利是天然盟友。这就等于是客观上成了梅特涅战略的灵魂继承人。在这种情况下，俾斯麦建议邀请拿破仑三世来参观普鲁士的军事演习，自然难以得到国人的谅解，甚至连他的恩师兼上级格拉赫也被激怒，措辞激烈地写信给俾斯麦，称："以君之才智，怎可因拿破仑一类之人物而牺牲原则。拿破仑为吾人之天敌。"俾斯麦不以为意，处之坦然，反而在一旁写下眉批：有何不可？

这种超前的思维导致了时人的不理解，加之俾斯麦多次出使法国，所以被认为是一个"亲法派"。在当时的普鲁士，这个称呼近乎于"卖国贼"。当普鲁士与奥地利在1850年发生冲突时，俾斯麦路遇一个乡村官员，此人参加过伟大的1813年解放战争——其实就是普鲁士的抗法战争。他问俾斯麦，现在法国人推进到哪里了。当俾斯麦告诉他，这次的对手不是法国人，而是奥地利人时，此公顿时大失所望。这就是民族感情。任何一个群体都有其感情，但战略考量却要先把感情放到一边。俾斯麦有一种近乎冷酷的理性思维，又有一种近乎玩世不恭的随机应变之道，这些是德意志统一所需要的战略财富，可在早期却给俾斯麦带来了不少阻力和误解。直到1862年俾斯麦出任首相主政之后，他才终于可以放开手脚行动，展开他那一套高度灵活也高度复杂的现实主义外交战略。而他之所以能当上普鲁士首相，是因为他卷入了一场内部的政治危机之中，并靠着这场危机，和一位非同寻常的国君缔结下了一个非同寻常的政治联盟。

铁血首相登场

前文业已提及，由于历史原因，普鲁士是一个有着特殊军国主义传统的国家。可是，自拿破仑战争结束以来，形势却发生了微妙的变化。长期的和平使普鲁士的人口增长了80%，但普鲁士的常备军数量却依然在50年前的水平上原地踏步，维持着14万人的老规模（当然考虑到人口规模，普鲁士的军人比例也不能算低），这个数字与同时期的列强常备军相比都相形见绌，奥地利有31万人，法国有42万人，俄国有99万人。

正是军事实力的不足，严重束缚了普鲁士的手脚，使得在德意志统一问题上，奥地利、法兰西与俄罗斯都敢于对普鲁士采取强硬立场。但腓特烈·威廉四世之死，使普鲁士军队等到了期待已久的扩军时机。1861年1月，已经精神错乱的腓特烈·威廉四世病死，他的弟弟摄政王威廉做了国王，是为威廉一世。为了这个王位，他足足等了三十年，时年已经63岁。从军50年的威廉一世深知军队改革的必要性，加上此时欧洲各国纷纷扩充军队，因而威廉一世决心扩大军队编制。

1862年，威廉一世最重要的助手战争部长阿尔布雷希特·冯·罗恩在众议院开幕式上提出"军事改革预算案"。要求把军队的服役年限从2年延长为3年；取消国民后备军；更新常备军装备，从下年度起每年拨款950万塔勒（15世纪末以来主要铸造和流通于德意志地区的一种银币，至少在腓特烈大帝时代就已经是德国货币的基本单位了，标准的 1 塔勒约重 28 克，纯度为 83.3%）作为军费。这些措施意味着征兵额从 4 万人增至 6.3 万人，现役军队从 92 个团增至 147 个团，平时兵力由 14 万人变为 21.7 万人。资产阶级忧虑着：一方面取消后备军和延长现役期，无疑将削弱其在军队中的影响；另一方面，这支庞大军团中 2/3 的军官、9/10 的教官由容克担任，包藏着一种危险，即军队可能会成为容克反对议会的工具。"谁向它保证，它磨快的武器将被为它自己的目的而使用呢？"于是，以进步党为代表的资产阶级自由派运用 1850 年宪法赋予议会的权力与政府讨价还价。

面对议会的拖延，威廉一世也持强硬态度，认为统率和管理武装力量是自己的特权，他坚决表示：宁愿放弃王位，也不愿丢掉 3 年兵役制的原则。以罗恩为首的军人集团力主解散议会，实行专制统治，维持正统主义和君主团结。罗恩甚至调集了 50 营军队到柏林周围，准备武力镇压议会。1862 年 3 月 11 日，普王下令解散众议院。但在 5 月的选举中，进步党得到选民的支持，获得 250 个议席，再次占据了议会多数。新选出的众议院又否决了"军事改革预算案"。

在连续挫折之下，威廉一世心灰意冷，已经做好退位的准备。可是，就在这个时候，罗恩向他郑重推荐了俾斯麦。罗恩为人正直，不善于恭维别人，对有才能之人从不妒忌。他的做人准则是："做你所应该做的，忍受你所必须忍受的。"罗恩指出，俾斯麦是对付议会的超级高手，心向王室，厌恶自由党，必然可以化解此次危机。正所谓英雄识英雄，罗恩如此推崇俾斯麦，俾斯麦对罗恩也是青眼有加。担任首相后，俾斯麦曾在一封私信中说自己看不起内阁中所有的部长，只看得起罗恩。

威廉一世对俾斯麦与自己的政见分歧依然耿耿于怀，只想让他担任内阁大臣，反对他主管外交，因为俾斯麦是一个"拿破仑党"。但严峻的局势使他别无选择，在一番犹豫之后终于把正在俄国担任外交

◀ 德国统一三杰
（从左至右）：俾
斯麦、罗恩、毛
奇

官的俾斯麦宣召回国。

　　1862年9月22日，威廉一世与俾斯麦在哈弗尔河畔的巴贝斯堡的夏宫举行了一次历史性的会晤。虽然这不是二人的第一次见面，却成了一次转折性的会晤。俾斯麦深知，德意志统一虽然不能单凭武力，但没有武力，只靠空谈与多数票是万万不行的。所以俾斯麦乐于在此事上对皇室与军方提供帮助。反之，虽然当罗恩第一次向威廉一世提起俾斯麦这个名字时，后者的第一反应是"那个亲法派"。可是，当会晤结束时，威廉一世已经一扫以往对俾斯麦的不良印象，决定委以重任。就在二人会晤的第二天，"军事改革预算案"再度惨遭议会的否决。

于是威廉一世便在 24 日宣布任命俾斯麦为普鲁士的国务大臣和临时首相。10 月 8 日又宣布正式任命俾斯麦为首相，并兼任外交部长。

当俾斯麦成为普鲁士首相时，面对着两股势力：自由主义者与保守主义者，但是，他们都不过是浮在流行思潮上面的人物，只有俾斯麦这位伟大的现实主义者，看清了历史的机会。自由主义者坚持通过统一的议会来实现德国的统一，保守主义者则坚持维护维也纳体系的原则。而俾斯麦看得很清楚：自由主义的议会在当时并无效力，而保守主义则使普鲁士丧失了行动自由。"我要你们所要的，但是我所用的方法与你们不同。"很快德意志就将知道他所用的方法。1862 年 9 月 26 日，普鲁士新任首相俾斯麦在就职仪式上向各州预算委员会解释为什么国王必须有权做出有关军队的决策时说："德意志人瞩目的不是普鲁士的自由主义思潮，而是它具有的力量，……，当前最重要的问题不是靠言语和大多数人的投票决定的，那是 1848 年所犯下的最大的错误。解决当前问题靠的是铁和血。"

这句话很快如野火般传遍德意志，令众人胆战心惊，甚至威廉一世读到这两个字眼也觉得很是恐怖，但是俾斯麦从未否认自己说过这样的话。他鼓励国王："既然我们迟早是要死的，能不能死得更体面一些？……陛下已经没有别的路可走，只有奋斗！"从此赢得了威廉对他的铁血政策的坚决支持，而他也将以"铁血首相"之名流传于世。

大权在握的俾斯麦立即与罗恩一起推动军备扩充计划的实施。在俾斯麦看来，再正确的决策也不能蛮横的推行。和议会打交道要先做到自身建议的合情合理，如果议会届时还不批准，那就是故意刁难，已不是理性商讨国政，而是意气用事，到时或者议会内部大分裂，或者议会失去民心和统一派精英的支持。到时候国王以铁腕手段收场，当为水到渠成。本着这个认识，新的军备扩充案兼顾了多方要求，进行了大手笔的修改。按照新计划：以全国总人口的百分之一为军队规模数，新陆军的三分之一为长期的志愿入伍者，三分之二为强制征召服兵役者，后者的服役期限由三年缩短为两年。理论上每个合格男性公民都在服兵役之列，但没有实际征召，或虽被征召或未实际服役，或服役期不满两年者，必须缴纳一个特殊税，这笔税款将用来补贴长期服兵役者的开支，从而降低经济压力。

可是，这个精心策划的方案却遭到皇室军事内阁负责人曼陀菲尔将军的坚决反对。曼陀菲尔既妒忌俾斯麦的火箭式上升，更对议会抱有死硬立场，认为我退寸则人进丈，断然不能向议会屈服。因为他的阻挠，这个方案竟遭搁浅。

俾斯麦见此路不通，便转换方向，指出普鲁士宪法虽然规定任何重大国策都必须在国王与议会达成共识的前提下才能推行。可是宪法却没有明确规定，当二者发生矛盾甚至尖锐对立时的解决办法。既然以往在漫长的无议会时代，普鲁士的军政运作始终自如，那么现下国王也大可绕道行船，避开议会，直接指挥政府与军队行事，任凭议会抗议，等待事情成功之后，再回头解决。

这个建议得到威廉一世的支持并被批准，结果就是产生了一场为期五年的普鲁士宪法危机。而就在这五年中，在俾斯麦的纵横捭阖之下，欧洲形势发生了翻天覆地般的大逆转。

国家外交压倒皇室外交

德意志统一的最大困难在于潜在的敌手太多，俾斯麦要做的事情就是分化瓦解，由易而难，逐个击破。他要保证普鲁士每次只在一个战略方向上作战，同时陷对手于四面楚歌之中。俾斯麦首先谋求与俄国关系的改善，同时尽量不刺激英国，然后利用拿破仑三世的好大喜功与理想主义，先扫除奥地利，再对付孤立的法国。

就在俾斯麦运筹帷幄的同时，奥地利宫廷也没有闲着。奥地利的策略是要更换德意志联邦的形式。主张成立一个由五位君主组成的执行委员会，由奥皇出任主席，普王则出任副主席。此外还要成立一个无权力的代表议会，由德意志诸邦选派代表。俾斯麦对于这种试图压制普鲁士的做法自然严词拒绝。

波茨坦讲胆量，维也纳讲阴谋。1863 年的盛夏，奥地利皇帝忽然邀请威廉一世到巴登的山间度假区会面。

不应忘记，当时的欧洲还是一个君主制一统天下的地区。这些皇室互相联姻，关系错综复杂。唯一的例外是拿破仑三世，因为他出身不正，所以君主聚会时，大家都是以兄弟相称，唯独对他喊作朋友。在这个背景下，宫廷政治与皇室外交依然发挥着很大的作用。奥皇利用的就是这一点。

8 月 2 日，一个平静下暗藏波澜的日子。在加施泰因的河谷尽头，施瓦尔岑贝格的庭院的一棵树下。俾斯麦悠然自得地手拿怀表，在微弱的咔咔声中，计算着鸟儿每分钟为雏鸟带回几条虫子。而在河流的对面，威廉一世正独自一人坐在一张长凳上发愣。

由于错过了一张便条，俾斯麦要到中午才知道，国王一直坐在那里是在等他！原来，奥皇约请普王进行一次一对一的会谈。普王起初还是心存警惕的，他的第一反应是找俾斯麦商议。可是，关键时刻，俾斯麦却在数着鸟儿嘴中的虫子。待到他看到那张便条时，一切都已经太晚了。他以最快的速度赶去，但还是晚了一步。在没有协商的前提下，奥皇进行了一次突然袭击式的会谈。

原来，在奥皇的倡议下，将于 8 月 16 日在法兰克福召开德意志各邦君主大会。除了坚持原先的主张，奥皇又提出成立一个帝国议院，并按两院制的做法分为王侯院和人民院。奥皇邀请普王赴会。

在俾斯麦看来，这是一场彻头彻尾的骗局。既然奥地利依然一如既往地缺乏统一德意志的动力和动机，那么这个计划就是一个新的更巧妙的阻挠德意志统一的绊脚石。如果普王答应与会，结果就是放着德意志货真价实的皇帝不干，反而去当一个徒有虚名的副主席。

可是，在奥皇周全的礼数与诚恳的邀请下，在所有君主联合起来共同对付国内议会自由派的美妙前景的吸引下，威廉一世决定赴会。

在俾斯麦眼中，威廉一世正在一个危险的轨道上滑行着。作为首相他必须制止这个滑行。

此后，在俾斯麦和威廉一世之间，爆发了漫长的辩论。辩论从加施泰因经毕尔巴德一直延续到巴登。还好，在俾斯麦的耐心劝说下，普王终于回绝

◀ 威廉一世

了奥皇的邀请。

不想奥皇并不甘心就此罢休。君主大会开幕之后，奥皇一计不成，又施一计。在奥地利的主导下，大会决定派出萨克森国王为特使前往巴登，盛情邀请普鲁士国王前来赴会。这一招，打在了威廉一世的软肋上。

"三十位君主，还有一位国王担当信使。我怎能拒绝呢？"

何况，从巴登去一趟法兰克福只需要区区三个小时的火车行程。

威廉一世已经做好了接受邀请的准备，可是，俾斯麦却起了牛劲，使尽浑身解数，死缠烂打，软硬兼施，最后居然真的再一次打消了国王去赴会的念头。当然，代价也不是没有。威廉一世虽然同意按俾斯麦的意思办，但内心深处是非常痛苦的。国王一声不吭地倒在床上，默默流下了泪水。

如果俾斯麦后来的回忆没有掺杂水分，看到国王流泪，当时他的心情也是非常痛苦的。但他知道，必须抵制住这种情感的波动。离开国王的住处时，情绪激动的俾斯麦把门把手都拧断了。尽管如此，他还必须亲自把普鲁士国王的决定传达给萨克森国王。结果，这位气愤的国君级信使临别时对俾斯麦说了几句超乎当时外交礼仪之外的愤怒之词。俾斯麦则始终保持着大理石般的冷酷。可是，萨克森国王刚走到隔壁大厅，就听到了摔碎玻璃器皿的声响。那是俾斯麦将一个盛有玻璃杯的盘子打落在地。

"只有这样，我才能释放一下自己。"

而就在这盏玻璃杯被摔成碎片的五个月后，俾斯麦一手策划的德意志统一战争拉开了最初的帷幕。俾斯麦手中的利剑——普鲁士陆军将露出隐藏已久的锋芒，使整个欧洲为之战栗。现在就让我们回顾一下这柄利剑是如何锻造而成的吧。

第三章

藏锋的利剑

改革带来的新生

在普鲁士军事史上，腓特烈大帝无疑是一大传奇人物。可是，这位腓特烈大帝和他的祖辈一样，只相信至少曾经拥有过庄园祖产的贵族子弟军人，而对于非贵族出身的士兵，尤其是城市中产阶级子弟是极其不信任的。腓特烈大帝甚至曾经说：中产阶级的最大缺陷就是理性过多，在关键时刻不能做到盲从君主。这就导致腓特烈大帝的军队不仅不是一支知识导向型军队，甚至可以说在本质上是一支反智型军队，铁的纪律与几乎盲目的非理性服从是其主旋律。只不过腓特烈大帝给这个机械的躯体装上了一个极其高雅、知识化的大脑而已。这个大脑就是他本人的军事天才。

七年战争刚一结束，腓特烈大帝就开始忙着清除非贵族出身的军官。他是巴不得中产阶级与城市自由民的子弟只从事于生产，当军队的供应商。此举严重削弱了普军的战斗力和持久变革能力。只是由于新技术兵器的发展，尤其是炮术的快速进步，才使得腓特烈大帝及其后任君主无法将中产阶级子弟完全从军官团中剔除。因为庄园贵族子弟出身的军官是几乎完全不学习数学的，他们认为这不是骑士道的内容（这一点和日本武士极其相似）。而不懂数学就无法操作日趋精密化的火炮系统。同时地图测绘在战争中的作用越来越重要，而这同样遭到贵族军官们的阻挠。他们认为，手拿红蓝铅笔勾勒地图是下等人的活计，他们要做的是手挥马刀，高喊冲锋。这些大老粗长期如此，不以为耻，反以为荣。其中能勉强写出自己姓名的人物便已经自诩为是受过教育的。足见当时普鲁士军官团文化素质之低下。这样一来，就算是在普鲁士军队中，技术性军官的职务也不得不由中产阶级子弟担任。当时，普鲁士军队共有 7 000 名军官，其中非贵族军官仅 695 人，几乎全部在炮兵部队。但是，普鲁士王室对于中产阶级的恐惧和压制并未停止，这就严重限制了新技术兵器和新作战体系在普鲁士军队中的发展。

腓特烈大帝去世未及 40 年，他的战争机器便已落伍于滚滚向前的军事技术潮流，并终于在 18 世纪与 19 世纪交替之际，遭遇了一个前所未有的大挑战。这个挑战就是法国陆军。

和普鲁士的情况不同，法国陆军中非贵族出身的技术军官虽然也遭到压抑，但环境相对宽松于普军。而且当时的法国是各种新潮思想的萌生、汇集之地。这也使得法国在七年战争之后，逐步成为欧洲陆军技战术发展领先的国家。

伴随着法国大革命和战争天才拿破仑的崛起，一种全新的战争形态展现在欧洲各君主国的面前。这种新式战争将全民皆兵、国家意识、军、师编制、新炮术和来自北美的散兵线战术结合在一起，由拿破仑的指挥天才加以升华，从而形成一种席卷欧洲大陆的强大战斗力。在这股洪流面前，普鲁士军队显得不堪一击，在耶拿会战中输了个一败涂地。

正是耶拿之战的惨败和随之而来的屈辱条约，深刻刺激了普军内部的革新力量。

纵观人类战争史，直到拿破仑战争为止。一次会战的范围还是超不出指挥官的望远镜范围。这就是拿破仑能靠一匹大白马，一只望远镜，一群小幕僚，几个传令兵，纵横四海的重要原因。但是随着国族精神在欧洲的日益觉醒，王朝战争渐渐退出历史舞台，新式民族战争开始登场。兵员越来越多，战场越来越大，后勤供应、人事协调、作战指挥也越来越复杂。传统的天才战争与英雄会战就免不了手脚大乱了。1806年的耶拿会战可谓一个绝唱。

这次会战，法、普两国为争中欧霸权，悉举国之众，一争雌雄。单从法军角度看，举凡18万人的打击力量，50公里的战线推进，8个集群的互相配合，连续9天每日40公里的徒步强行军，再加上敌情信息的搜集判断，行军路线的安排，补给站的设立，与沿途邦国的外交活动……这又岂是一个人的头脑所能容下的？可拿破仑居然做到了！

结果，1806年的10月14日，拿破仑一天之内，连续击溃普军三个主力集群，一战而定中欧。确实不愧军事天才的称号。

但天才也有天才的极限。到了创纪录的莱比锡大会战（1813年10月16日到19日），十几个国家的五十万大军，挤在一个战场上，连打四天。终于天才横溢如拿破仑大皇帝者，也手忙脚乱，难以驾驭了。

相反，作为耶拿会战失败者的普鲁士，却痛定思痛，知耻而后勇，由此拉开了军事改革的大幕。这时的普鲁士国王是腓特烈大帝的孙子腓特烈·威廉三世（1797~1840年在位），此君在军事上很平庸，政治上很保守，但有三点比较好：能听劝；能识人；能忍耐。其实但凡成大事者，有这三条也就足够了，至于本人有多少才能倒是次要的。

普鲁士军事改革的几大成果，很多人耳熟能详，普遍兵役制，战争部—总参谋部制度，全新的军事院校，以军事演习为基础的军事训练模式。这几个成果之间相互联系，相互促进。改革的推动者当然第一个要署上国王威廉三世的名字，要不是他对改革的宽容和默许，剩下的一切都是白搭（体制内部进行改革，没有领导的支持是不可想象的，正如没有宋神宗就不会有王安石变法）。第二个名字，就是推动军事改革的灵魂人物沙恩霍斯特。此君原籍汉诺威，祖父是个农民，父亲是没有贵族头衔的汉诺威军官（有趣的是，在普鲁士的这次大改革中，最重要的三个改革家沙恩霍斯特、格纳泽瑙、施泰因都不是普鲁士人）。早在 1801 年，沙恩霍斯特就在柏林成立了有改革倾向的"军事协会"，协会聚集了一批具有新思想的军官，如克劳塞维茨少尉（大名鼎鼎的《战争论》的作者）、在军需总监部任职的博因上尉、柏林步兵监察部副官格罗尔曼。协会的目标是在"服役光荣"的口号下做到军民融合，把普鲁士军队建

◀ 沙恩霍斯特

成一支类似于法国革命军那样的国民武装。正如克劳塞维茨所指出的，应通过人民战争将战争重新归还人民，而过去的职业军队却是将民族与战争分隔开来。

关于 1806 年的失败，沙恩霍斯特一针见血地指出，此次战败的根本原因在于普鲁士整个的军政结构已经无法应对新时代的挑战。军官团固步自封，普通士兵不知为何而战，自然难以对抗拿破仑指挥下，为爱国主义所驱策的法国精兵。在如此彻底的失败面前，军事改革派很快占了上风。1807 年，普鲁士的"军事改革委员会"成立，冯·沙恩霍斯特上校担任领导，他的朋友格奈泽瑙、博因、格罗尔曼加入了军事改革委员会。我们不得不承认那句"物以类聚，人以群分"的老话的真理性，正是这几个忠诚、聪慧、意志坚定、没有私心杂念的军官执掌改革大权，才在普鲁士军队中形成了一股巨大的吸引力和排斥力，把那些和他们有同样品质的军官越来越多地聚集到一起，而那些小人则被逐渐淘汰，最终形成了一个高度精英化、充满生机和活力的普鲁士军官团体。

其实很多人说什么军事变革的动力是科技进步、生产力发展云云，这就把历史的视野放得太宽了，原因找得太根本了，反而失去了研究价值。其实军事变革最直接的动力就是失败。没有普法战争的失败，就没有普鲁士的军事变革；没有越战的失败，就没有美军的大改革；没有人用赵武灵王先人的脑壳来喝酒，他也不会想起胡服骑射；没有秋收起义的失败，就没有三湾改编，没有突破湘江的惨烈，就没有后来的黎平会议和遵义会议，如此举不胜举。失败了，原来那套就吃不开了，真知灼见就浮出水面了，以前的非主流就成了主流了。其实这种现象也很好理解，军队是国家的柱石，在没有大的失败的时候进行改革，不论是难度还是风险都是很大的，因为没有实战检验，谁也不知道这么改了到底是好还是不好，所以，保守派有保守派的道理。

现在，终于轮到沙恩霍斯特他们上场了。改革的思路就是建立一支人民的军队，因为改革者们痛感在长期的雇佣兵体制下，国民对军队和战争的麻木不仁。拿破仑军队在进入普鲁士领地后，没有谁主动站出来抵抗，因为民众觉得打仗是国王自己家的事情。由此也可以看出，封建国家的国民想法都差不多。这一改革从建立君主立宪政府入手，将更多的自由和权力还给人民，这样国家就不是人民负担，而成为人民的家园和依靠。当然，改革并不彻底，国王的权力依然很大，尤其是他绝对掌握了军队的指挥权，军队的一切行动都要经过他的许可。

这就引出了"战争部—总参谋部"体制。不是常说总参谋部体制吗？怎么又跑出来个战争部？前苏联的军事教科书中也说，"世界上的军事制度分为两种：一种是盎格鲁—撒克逊的军政、军令分离的，以美国的参联会—国防部为代表的制度，一种是普鲁士—德国的军政、军令合一的总参谋部制度"。真不知道他们是怎么得出这么个结论来的，因为普鲁士—德国在 19 世纪初军事改革完成后，一直采取的是军政、军令分离的制度，战争部管军政系统，包括军需补给、人员调配、甚至是动员输送，总参谋部在很长时间内只管进行作战计划，连军事指挥权都没有，只有建议权。

与其说战争部的出现是军事改革的产物，倒不如说是普鲁士政治体制改革的产物更为贴切。因为既然要改为君主立宪制，那么就好歹要有个国会，政府机构就要有相应的部门来对国会负责，申请个预算什么的，军队也不例外。所以，就在 1808 年，沙恩霍斯特组建了一个统一的最高军事指挥机构——战争部，被列为时任普鲁士首相的施泰因创建的内阁中的第五部。德意志的各个小邦国也仿效普鲁士的做法成立了战争部，1871 年统一后，巴伐利亚等 4 个州还保留了自己的战争部。到 1918 年德国战败，重新组建国防力量的时候，战争部摇身一变成为当时的国防部，而总参谋部则成为国防部的一个局"部队局"。从体制的角度上讲，战争部和总参谋部两个机构的职能划分还是比较清楚的。战争部主要管的是"养兵"的事情，总参谋部只负责对部队训练和作战进行监督指导和组织。尽管随着总参谋长和战争部长的势力消长，战争部和总参谋部的权力范围也在不断变化，但"军政、军令"分离的模式一直保留了下来。说明这一体制是部队建设的必须。

战争部的出现要早于总参谋部，第一任部长是"没有人"，由沙恩霍斯特负责实际工作，但并没有被任命为部长，实际的部长只可能是威廉国王，因为他必须确保一切改革都可控。在改革过程中，改革的掌控者和改革的执行者发生矛盾是很经常的事。因为执行者往往专注于推动改革的进程，而掌控者往往更在意改革对方方面面造成的影响。尽管来自国王和贵族的干预使得沙恩霍斯特的改革并不彻底（沙恩霍斯特本人也不是一个革命者，他只想在保留普军旧日优良传统的前提下，完成体制的新旧过渡和转化），但一支符合新型作战要求的国民军队依然建立起来。而沙恩霍斯特和他的战友还将为这支军队装上一个制度性的大脑——总参谋部。

总参谋部的建立

其实"总参谋部"这个东西并不能完全说是普鲁士人的专利，因为从古到今，打仗就不仅是统帅自己的事情。就算是你天资颖异，也要有个人给你跑腿传令，没事端茶倒水，做个饭什么的。想当初霍去病征匈奴，随身要带几个好的庖厨，用现在的话说，这几个厨子也应该算入司令部工作人员。当然，领导身边可不光是做饭的，也有若干给领导出谋划策，或者帮领导做做记录，标标地图，陪领导下下棋、喝喝酒、吟吟诗的，统称"幕僚"（现在日本自卫队还把他们的参谋长叫做"幕僚长")。

普鲁士总参谋部的雏形出现于 17 世纪中叶。1640 年,勃兰登堡—普鲁士大选侯腓特烈·威廉在组建部队时,仿效当时倍受推崇的瑞典军队,组建了一个军需总监部,这便是最初的总参谋部雏形。当时,军需总监部的主要职责是担负工兵勤务、选择行军道路和宿营地、构筑阵地等任务。到腓特烈大帝时代,军需总监部又增加了传令、为行军部队指路以及为将帅们起草报告和文书的任务。在第一次瓜分波兰的作战中和 1778 年的巴伐利亚王位继承战争中,军需总监部又接受了后备部队的计划和领导工作,成了国王的得力助手。

随着军队规模的扩大和武器装备复杂性的增加,发展出了多种层次和级别的参谋部。团、旅、师、军的指挥官在向下级军官下达命令和执行上级军官的命令时,都需要一些种类的支持和帮助。为此,有必要将下级参谋部和全军总指挥的参谋部区别开来,由此在 18 世纪,"总的参谋部"(the General's Staff)一词的使用逐渐增多。

同样在 18 世纪,欧洲各国不论是战时还是和平时期都有一支常备军存在,这就需要有一个上级机构来负责在和平时期管理和维护这些军队,以确保其能够随时应战。为了把这个在战争与和平时期都存在的参谋部同战场上各野战军和下级单位负责作战的参谋部区别开来,同时也为了描述其总体性与非作战性,这一机构被称为"总参谋部"(the general Staff)。由于当时大多数国家只拥有陆军,而各野战军指挥官在战时负责作战的参谋部的人员通常与在和平时期执行非作战行动任务的参谋部的人员相同,因此,大多数时候,"总的参谋部"即为"总参谋部"。

继续说沙恩霍斯特的改革。这帮革新派所创造的,是跳出以腓特烈大帝、拿破仑为代表的传统"天才战争"模式,转而寻求一种新体系:即通过一套制度,将无数个体甚至是普通个体的智慧集中放大,形成一个无形的拿破仑。这样,没有"超级天才"的国家也能打出"超级天才"的水平。一旦出现了"超级天才",这套制度又必须不排斥这位天才,从而使之发挥出更强的战斗力。在此期间,沙恩霍斯特所倚重的左膀右臂是格纳泽瑙与克劳塞维茨。他们的共同点是:学识渊博且具备学者风范,又拥有扎实的实战技能,既能运筹帷幄,驰骋沙场,又能登坛讲学,著书立说。而且,他们都坚信,思想可以为实践插上飞翔的翅膀。

这个尝试的结果就是总参谋部制度的产生和三千年天才战争与英雄会战的终结。

"军事改革委员会"的成员马森巴赫上校,于1801年和1802年先后起草了一份军需总监部勤务规定和两份有关条陈,阐述了对总参谋部的组织、职能和任务的设想,因此被称为组建普鲁士总参谋部的思想先驱。在条陈中,马森巴赫要求在和平时期就组建一个常设的总参谋部作为计划中心。他要求在和平时期应将总参谋部的工作按三个作战区域即奥地利、俄国和法国,划分为三个工作单位,分别拟制各自的作战计划。他还要求,平时参谋人员应进行经常性的旅行训练,藉此勘察预想战场的地形;驻外武官提供有关情报和预测;总参谋部与部队之间进行人员交流。最后他要求,将来的总参谋长有权直接向最高当局呈送报告,并将此视为总参谋长的最重要的权力。建议得到国王的支持,并着手进行军需总监部的改组工作。对如何改组,沙恩霍斯特提出的设想更接近于现代总参谋部。他建议组建一个"军队总参谋部",下设4个处。分别负责战略战术、军队内部事务、补给、炮兵和弹药事务。1817年,普鲁士正式使用"总参谋部"这一称谓。

在沙恩霍斯特的领导下,革新派尝试着将拿破仑式的战争体系与普鲁士的军事传统相结合,追求将普军建设成一只知识导向型军队,并以某种制度将之完善化、持久化。这种制度努力就开启了日后的总参谋部制度。同时,对于腓特烈大帝所开启的委任式指挥传统,革新派也做了新阐发。格纳泽瑙明确指出,命令的下达应该准确快捷,尽量下达概略性指示，从而给下级留出在总任务范围内行使自主权和独立定下决心的空间。

这些革新派人物不仅要解决军事问题，而且涉足政治问题。无论是沙恩霍斯特还是克劳塞维茨，不仅认为战争是政治的延续，而且意识到一个国家的军事与政治问题不可能分开来解决。沙恩霍斯特早在成立"军事协会"时就认识到，创建民军和实行普遍义务兵役制，必须以改革农奴制为前提，而在改革中更进一步意识到议会制（将臣仆变为既负有保卫国家义务又具有通过选举代表决定自己命运的权力的国家公民）与普遍义务兵役制是不可分割的。因此，他们希望新军队的建设能够与君主立宪制度的完善以及德意志的统一同步进行。同时为了适应时代，沙恩霍斯特和战友们提出了废除军官团中的贵族特权和建立优先照顾平民接受教育的体制的主张。从中我们可以看出，这次普鲁士的军事改革实质上是尚未享有政治权利的普鲁士资产阶级寻求在军事上的解放，军官团的资产阶级化是与资产阶级的军事化相表里的。

沙恩霍斯特还主张在未来的军事教育中给政治留下空间。他所说的政治当然不是指权术斗争的政治，而是作为学术与理念的政治。沙恩霍斯特较早地认识到，军官团缺乏政治头脑，就无法分清自己的职权界限，终为国家之患。而后来首任正式战争部长、沙恩霍斯特的追随者博因少将更进一步指出，军队建设应尊重个人精神的人性价值，应与时代要求即人们对自由、平等、人的尊严的渴望相一致，应以政治和社会体制的重大变革以及平民参与国家政治生活和在市民生活中进行普遍的政治和社会改革为前提。就当时普鲁士的形势而言，这无异于革命性的宣言。

革新派的政治表态引发了普王的恐惧，他对于王权的关注是远大于其他一切问题的。而普鲁士贵族普遍认为，要想保持骑士军官团的团结就必须严防资产阶级"平民"的侵袭。只是因为亡国的压力和周边国家的举措，才使革新派的部分主张得以曲折展开，但普王始终不信任革新派。虽然革新派一力促成了反拿破仑战争的最终胜利，却无助于一个新德国的成立。

1813，沙恩霍斯特因负伤后的血液感染而死于赴维也纳进行外交活动的途中，时年58岁。1831年，71岁的格纳泽瑙在奉命警戒东部边界的过程中死于传染病。同时感染去世的还有其参谋长——51岁的克劳塞维茨。三大巨头的壮志未酬身先死，尤其是沙恩霍斯特与克劳塞维茨的意外早逝，使得普鲁士的军事改革陷入困境。其后继者在困境中做出了一个抉择，即不再涉足政治问题，也不再强调军人应该了解政治。包括利林斯特恩少将代理总参谋长期间（1819~1821年），在军事教育中设置的广泛的非军事性文化课程也逐渐被取消。新一代的革新力量转而进行纯军事改革，这个加减法为后来的两次世界大战的德国悲剧埋下伏笔，却也加速了纯军事改革的进程。而在即将到来的德意志统一战争中，普鲁士总参谋部将拥有一颗伟大的头脑，带领着普军从胜利走向胜利，这就是赫尔穆特·卡尔·贝恩哈特·冯·毛奇。

男儿何不带吴钩

在德国军事史中，赫尔穆特·卡尔·贝恩哈特·冯·毛奇（Helmuth Karl Bernhard von Moltke）堪称一大传奇人物。他于1800年10月26日生于梅克伦堡（Mecklenburg-Schwerin）的帕尔希姆（Parchim），1891年4月24日卒于柏林。正如他的生卒年所揭示的那样，毛奇的一生几乎是与整个19世纪相始终。对于19世纪中前期的西洋世界军事发展而言，毛奇是集大成者；而对于19世纪后半期的欧美军界而言，毛奇则是典范式的效法对象。

在这近百年的岁月中，毛奇前后服务于四个国家的军队（丹麦、普鲁士、土耳其、德意志），加入普军后历仕五位君主（腓特烈·威廉三世，腓特烈·威廉四世，威廉一世，腓特烈三世，威廉二世），精通七国语言（德、英、法、俄、意、丹麦、土耳其），干了33年参谋总长，六年之内亲自指挥并取得了三场战争（普丹战争、普奥战争、普法战争）的胜利，在71岁高龄达到一生功业的顶峰，开启了一个全新的统一德国。堪称不折不扣的五朝元老、开国元勋。

纵观毛奇的一生，可谓大器晚成。他的前半生充满了坎坷与曲折，直到57岁时他才得到代理总参谋长的任命（当时的总参谋长还远没有日后的荣耀与权位），58岁时被正式任命为总参谋长。此后的八年内，就算是在普鲁士军队内部，毛奇依然如隐士般的默默无名，甚至普丹战争的胜利与迪普尔要塞的神速攻克也不能使他引起基层军官的注意，也就遑论外国军界和普通大众了。但是普奥与普法两场战争使毛奇声名鹊起，威震欧洲。不仅被欧美军界推崇为权威人士，甚至"纵穷乡僻壤、三尺童子，亦能朗朗颂其功名"（施利芬语）。

这种神话般的威名使毛奇的后半生彻底笼罩在层层光环之下难以脱身，以至于他想一求退居乡间、归隐林下而不可得。直到米寿高龄，经过反复陈情，才终于得以辞去总参谋长一职。而其对德国军队的影响，早通过教育设置、制度建设、著书立说和身体力行深深融入德军的军事传统之中，至今不熄。

这个光环是如此的耀眼，以致很难再让人回想起毛奇曲折的童年与早期经历。

毛奇出生于帕尔希姆的一个破落贵族家庭。其高祖父曾经在瑞典国王古斯塔夫-阿道夫麾下任上校团长，参加过著名的吕岑会战。毛奇的父亲弗里茨则是一位普鲁士军官，曾经在腓特烈大帝麾下任中尉，后来因为爱上一位汉堡银行家的女儿，而他的这位未来岳父不希望自己的女婿继续留在军队中，于是弗里茨便于1796年从军中退役，时为普军上尉。

没想到树欲静而风不止。当毛奇出生之时，正值拿破仑横扫千军，法兰西战鼓震撼欧洲的时刻。就在毛奇出生的当年，拿破仑率军翻越了阿尔卑斯山，对意大利进行了第二次远征。数年后，战火便烧到了中欧。1805 年，毛奇一家迁居到其母亲的故乡——德意志北部的海港城市吕贝克。吕贝克属于荷尔斯坦因邦国，当时的荷尔斯坦因虽然是德意志人的聚居地，但属于丹麦国王的私产，同时又是松散的德意志联邦同盟的一部分。日后毛奇指挥的第一场战争就将在这里展开。

毛奇一家迁居的第二年爆发了拿破仑与普鲁士的战争，拿破仑在耶拿—奥尔施泰特双重会战中大败普鲁士军队，普军将领布吕歇尔一路败退到吕贝克，力尽投降。尾追前来的法军趁机劫掠，使当地居民大受骚扰，弗里茨的家园也不能幸免。不料祸不单行，弗里茨的兄弟日后又被强征参加拿破仑的俄国远征，一去不回。经商、务农两不擅长的弗里茨已经失去了乡下的庄园，现在不仅要重整家业，还要养育兄弟的遗孤。无奈之下，只好重操旧业，再次穿上了军装。只不过这次他参加的不是普鲁士陆军，而是丹麦陆军。

因为生计所迫，毛奇也在 11 岁那年进入哥本哈根的丹麦皇家陆军幼年军校。这个军校的学生的开支由丹麦王室承担，毛奇 18 岁毕业后自然也就进入了丹麦皇家陆军，并在 1819 年获得了丹麦皇家近卫军的少尉军衔。

此时的欧洲大陆形势又发生了巨变。曾经强盛无匹的拿破仑帝国已经成为历史名词，拿破仑本人也在 1815 年的滑铁卢惨败后被流放到遥远的圣赫勒拿岛。与拿破仑结盟的丹麦自然也就连带受损，大片国土丧失。在这种情况下，丹麦王室急于裁撤多余的军人。毛奇意识到自己如果继续留在丹麦陆军中，必然自断前途。决心跳槽的年轻少尉思来想去，最终将目光锁定在了普鲁士陆军的身上。

鉴于普鲁士新军在击败拿破仑的过程中确立的崭新声誉。毛奇于

1822 年 1 月正式从丹麦陆军中辞职，转而申请加入普鲁士军队。当时的普军对于像毛奇这样的半路出家者要求极严，同时革新派也有意以严格考试的形式校正传统军官团的不学无术作风。故而毛奇必须通过多门考试的激烈淘汰才能入围。考试科目包括了德语、法语、数学、野战工事、地理学、统计学、德国史、世界史等内容，竞争极其激烈。但毛奇一路过关斩将，最终以优良成绩入选，成为了一名普军少尉，在奥德河畔的法兰克福近卫第八步兵团任职。

此后数十年间，毛奇的人生非常多彩，但其仕途却并不顺畅。

毛奇面颊清瘦，前额高大，鹰钩鼻，薄嘴唇，身材细长，骨瘦如柴。多少显得有点弱不禁风。他性情沉静，目光冷峻而略带忧郁，更像一个有哲学内涵的艺术家。与俾斯麦的暴食豪饮不同，毛奇生活规律、吃苦耐劳，但只要条件许可，他还是很会享受生活的一个人。他喜欢莫扎特的音乐，以看书为爱好，一个人时会独自品味名牌香烟，但也不放过柏林丰富多彩的上流社会的社交活动。他涉猎广泛，学识渊博，有多篇严谨深邃的军事论文问世，还曾经创作过短篇小说（在一个通俗期刊上连载），并且画得一手好画。此外，他在天文学和化学方面也广有涉猎。与正滚滚向前的工业化大潮多少有些不合拍的是，毛奇终生倾心于田园风光，他早年的一大梦想就是有朝一日能够将其父失去的乡间农庄赎回来，过一个真正的容克式生活。

按照中国的将道标准，毛奇堪称有儒将之风。但在 19 世纪的欧洲，尤其是普鲁士，这种风骨并不被看好，甚至被认为是缺乏军人气质。日后成为德意志皇帝威廉一世的威廉亲王曾视察法兰克福近卫第八步兵团，当他走过瘦削的毛奇身边时，不禁失声说道："这个丹麦人不是块好材料。"此时的亲王自然无法想象，日后辅佐他三战三胜，统一德意志的正是这块不好的材料（在此大家不妨回想一下这位威廉亲王对俾斯麦的评价，可见人不可貌相）。

1823 年，毛奇因表现优异而获准前往柏林，进入了沙恩霍斯特

▶ 毛奇半身照

创建的陆军军官学校（陆军大学的前身）进修，接受了系统的专业训练，尤其形成了他对战史、地理、物理的终生兴趣。这次进修可以视为毛奇人生中的一个重要转折。当时担任该校校长的正是那位鼎鼎大名的克劳塞维茨。不过正如日后的研究显示的那样，此时的克劳塞维茨正忙于著书立说，并不授课，对于像毛奇这样的年轻学员来说，更像是个云端里的人物。毛奇对克氏的了解主要是多年后的1842年（此时克氏已经辞世），新婚后的毛奇读其著作，崇敬不已，才奉为精神导师。所以，二人是读者与作者的关系，而不是一般的师生关系。这个时候对毛奇影响较大的是一些一线的教官，尤其是毛奇的地理教官林德尔、物理化学教官埃尔曼和历史教官卡尼茨。1827 年，毛奇以优异的成绩毕业。

随后，他在 1828 年发表的军事著作《论军事测绘大纲》受到军界的重视，因而调到柏林总参谋部所属的地形测量署工作，干起了拿红蓝铅笔的工作。这在正统派看来是纯属不务正业，但毛奇却乐在其中。在这里，他熟悉了总参谋部的全部基础性工作，他的绘画才能也得到了发挥，使其在测绘工作中表现得非常出色。

在柏林的这段时光对毛奇来说并不轻松。除了专业的挑战之外，维系生活也面临很多困难。当时的普鲁士军官团非常强调贵族派头和骑士精神，作为尉官而没有坐骑是很不体面的事情。此外，各种并不可少的交际活动也都需要相当的开支。这对于家境贫寒，收入菲薄的毛奇中尉来说，显然是一个难题。

为了解决买马的资金问题，毛奇开始以自己的方式增加额外收入。他在 1832 年找到一家出版社，提出以英文本为底本，翻译全部的十二卷《罗马帝国衰亡史》。后来因为出版社中止了出版计划，使得毛奇仅得以完成前九卷的翻译（历时一年半），但已经算是一个相当惊人的壮举了（有意思的是，吉本的《罗马帝国衰亡史》的汉译本长期只有节译本，直到 20 世纪后半期才出现了全译本，而翻译者正是我国台湾地区的一名军人翻译家——席代岳先生）。

1833 年，毛奇升为中尉，并成为总参谋部的一个部员。这个任命对毛奇的人生而言是又一个重要的转折点。他不仅穿上红边裤，进入了普鲁士陆军革新派的本阵，开始结识到与他非常相似的智将型军人（都是普军的精英），而且其经济问题也得到解决。当时的总参谋部部员待遇非常优厚。这使毛奇既惊且喜，从此他可以轻松维系住其精致的日常生活。

从 1834 年起，毛奇开始进行一个总参谋部部员必不可少的参谋旅行。他在这一年先后去了意大利南部诸邦、意大利北部与丹麦。沿途勘察兵要地志、风土人情，绘制了大量精密地图，并为未来普鲁士可能在这些地区的作战行动进行了早期的文字构想。

1835 年 3 月，毛奇晋级上尉。其撰写的专业论文《丹麦的陆海军》获得了普王的嘉奖。数月后，毛奇领受新的任务，对巴尔干与土耳其进行一次长期的实地调研活动。

毛奇在 7 月开始行动，一路勘察，于 12 月见到了土耳其的陆军大臣穆罕默德·康斯莱夫·帕夏。

当时的土耳其可谓江河日下，岌岌可危。西方列强的侵逼、巴尔干民族的独立运动，乃至和周边国家如埃及的边境战争，土耳其无不是屡屡受挫。时任土耳其苏丹的穆罕默德二世是一个倾向于改革的君主。其中，效法欧洲军事强国训练新式武装是改革的一个重要组成部分。

毛奇的学识和务实精神深得土国君臣的赏识，经总参谋长批准后，毛奇加入土军，帮助该国训练新军，并增加普鲁士的影响。此后直到 1839 年底，毛奇一直在土耳其任职，并深得土耳其苏丹及其陆军大臣的赏识与信任。这期间，极具语言天赋的毛奇熟练掌握了土耳其语，还曾经身穿当地服装，陪同穆罕默德二世巡视国境。其间毛奇测绘了大量珍贵地图，其中很多地区被认为是自色诺芬万里大撤退之后，便再没有欧洲人抵达的地区。

1839 年春季，埃及与土耳其发生边境冲突。毛奇随军行动，但是相对于毛奇的进言，土军司令更相信随军占卜师的预言。当埃及军队展开迂回行动后，毛奇虽一再指出危险所在，但占卜师却声称敌军正在败退，遂导致土军大败。库尔德族士兵又趁机作乱，射杀官长，整个战场也就成了一个屠场。毛奇历尽艰险辗转返回伊斯坦布尔后才知道，穆罕默德二世在此期间已经去世。这两件事情使毛奇心灰意冷。

他对陆军大臣做了战事汇报后，决定离开土耳其。9月，毛奇到穆罕默德二世墓前祭扫之后离开土耳其，在12月重新回到柏林，恢复了普军军籍。

回到欧洲后，毛奇将他在土耳其期间写给母亲和姐妹的信函汇编为《土耳其书简：1835~1839年》出版，这部书信集至今仍被奉为德语散文的精品文集。当年出版时并附有毛奇手绘的地图和写生画，出版后轰动一时，再次展现了毛奇军人本色之外的另一面。

1842年毛奇晋升为少校（他在这年刚结婚，娶了个英国女人），在柏林第四军参谋部供职。这期间，他参加了汉堡铁路的管理，使他有机会观察铁路在战争中能起什么作用。

1848年，毛奇出任亨利亲王的侍从武官。当时亲王正在罗马养病，而法国与奥地利争雄的意大利战争正打得如火如荼。毛奇利用这个机会仔细考察了列强在罗马的外交人员的活动与言论。同时也没有忘记利用闲暇时间到罗马近郊干他的老本行——测绘地图。此外，他还对教皇史和罗马史进行了仔细的研究。

同年，亨利亲王病逝。毛奇离开意大利返回柏林，此后的七年内历任第八军团参谋、总参谋部部员、第四军团参谋。

在18世纪40年代，毛奇的政治思想已经形成。它的两个要点是：德国要统一，但必须统一于普鲁士王朝，"普鲁士必须成为德国之首"；德国要成为欧洲强国，但必须用武力来排除统一道路上的一切障碍，"用战争手段来维护国家的生存、独立和尊严"。因此，他一方面反对德国的1848年革命，把民主派说成是普鲁士最凶恶的敌人，要求用武力来恢复秩序，"自由有时产生于秩序，但秩序绝不会产生于自由"；另一方面，他力主由普鲁士君主政体掌握统一的旗号，进行军事改革，反对欧洲其他大国的阻挠和破坏。

毛奇的军事思想作为一种体系，大致形成于18世纪50年代。毛奇没有论战略和战术的军事专著，但他的大量的军事论文体现了这些思想。他详细地研究过拿破仑战争，承认拿破仑无可比拟的军事才能。但他认为拿破仑缺少完整的战争体系，凭着个人的筹划和决心指挥作战。这种情况在19世纪中叶以后更大规模的战争中是无法达到的。他更多的是研究了克劳塞维茨的军事思想，承认战争无非是政治通过另一种手段的继续，政治意图是目的，战争是手段。毛奇把自己看成是克劳塞维茨的学生，对重大的战争和战役都进行政治分析。但是这个学生更多地着眼于战争，把战争作为决定性的手段，认定政治目标一旦确定，政治就让位于战争，政治不得妨碍战争的进程，直到战争结束。在毛奇那里，很少有什么"绿桌战略"——通过谈判达到目标的考虑。在这样一些原则的基础上形成的所谓毛奇军事思想，大致可归纳为：

第一，创立大规模的总参谋部体制。总参谋部在战争时期应当成为总司令（国王）"唯一的顾问"，由它制定战略和策略，协调军力和物力，统一军事行动的指挥。

第二，必须把技术革命引入战争。不仅要更新军队的装备，把老式的铳膛枪炮换成新式的后膛击发枪炮，而且要把铁路和电报用于战争目的。大规模的铁路建造能加快军队的动员和部署，保证部队的调动和接应。铁路和电报不仅克服了以往的给养限制、季节限制和传递限制，而且有可能在短期内把大量的兵力和装备投入某个战场，形成优势兵力，完成战略部署。毛奇提出了所谓"普鲁士的铁路政治"，把铁路、电报乃至刚刚出现的系留气球都作为战略行动的辅助手段，并把一系列科学如统计学、国民经济学、地理学、测量学等用于战争。

第三，对总参谋部军官进行教育和训练，以适应新的战略和执行新的战争计划。统帅部只给各军领导规定战略目标，而达到目标的执行方式由各军领导自己决定，要求他们充分发挥主动性。毛奇制定了一套所谓"通用指令"，代替以往生硬的"作战命令"。

第四，进攻，但必须"先思而后行"。进攻是毛奇的军事原则，而"先思而后行"是取得进攻胜利的保证。"军队开始行动时，应把政治的、地理的和国家的各个方面考虑在内"，要求在战前极其细心、详尽、谨慎、周密地规划和拟订作战计划、部署和行动。一当战争开始，就采取攻势。毛奇主张先发制人的快速进攻战，反对防守战略。

1855年，普王腓特烈·威廉四世任命毛奇为皇侄腓特烈·威廉亲王的侍从武官。而这位亲王的父亲，便是未来的威廉一世，当初惊呼毛奇不是块好材料的王弟威廉亲王。这个任命对毛奇非常重要，不仅使毛奇与亲王父子建立了很好的个人关系，而且得到了一个珍贵的机会，即追随小亲王游历欧洲列国。

1856年5月到6月，毛奇以随员身份跟随小亲王前往英国访问。8月到9月又前往俄罗斯参加新沙皇的加冕典礼。毛奇在这期间的书信在1877年汇编出版，是为《俄罗斯书简》。

12月，毛奇又送小亲王前往英国，途经巴黎时接受了拿破仑三世的国宴邀请，并受邀检阅了法国陆军。

在19世纪的欧洲，一个军人是很难得到这样的游历机会的，而毛奇以其早年储备的丰富学识，经此番游历，更开拓了他的视野，使其日后的军事规划总能建基在精密的国际形势分析之上，不能不说和这段经历有很大关系。所以，后来毛奇在改革总参谋部时，便根据自己的切身经历将之定为制度，给予精英青年军官以出国考察机会，领略不同国家之情况和国民性格，同时搜集情报，开拓分析眼界，这就是今天全球奉行的外派武官制度的源头所在。

1857年，威廉亲王出任摄政王，同时任命毛奇为代理总参谋长，并继而于1858年的9月18日予以扶正。这个任命的导因是皇室军事内阁主管冯·曼陀菲尔少将的举荐。当时总参谋部在与战争部、军事内阁等机构的权限纠纷中接连败退，第三任总参谋长赖赫尔去世后，何人接任显然影响到下一轮的部门间博弈。而曼陀菲尔之所以举荐毛奇，据说正是看中了毛奇的书呆子脾气，自信此人成不了气候。而亲王早已与毛奇建立了良好的个人关系，自然不会反对这个举荐。毛奇就这样成了普鲁士的第四任总参谋长。在此之前，毛奇从未指挥过一个营、一个团或一个师，此时根本不会有人想到，他能将这个遭人轻视的总参谋长职位一变为驾驭全军的主官。

此时的总参谋长甚至无权直接向普王进言，需经过战争部长间接进行。而且参谋人员从总部到基层部队普遍不受尊重，甚至遭到恶意排斥。在世俗的眼光之下，毛奇最有利的依凭似乎就是他与新普王不同寻常的私人关系。当时的普鲁士作为一个顽固的君主集权国家，普王的个人好恶有很大影响力，对军队的影响更大。因为普军的传统就是强调军队是君主的军队，军官团直接向君主负责。沙恩霍斯特的改革遭到阻力的重要一点就是，普王担心新制度完善之后，普王与将领们的私人关系会淡化，从而动摇国本。

但是，毛奇一点也不想走这个上层路线，以克劳塞维茨的精神传人自居的毛奇追求的是老一辈革新派的总参谋部理想的完成。

毛奇新官上任之后，拿出他当年在地形测量署工作时的心情看待现实中的权限纠纷。他不向外争权夺利，而是踏踏实实地做自己的事情。他的座右铭是"多些实在，少些浮夸"，并以这个标准要求手下的部员，要求他们都要甘做无名英雄，扎实做好手中的工作。

通过坚忍不拔的意志和科学的工作态度，毛奇最终完善了作为新制度的总参谋部制度，使这一新制度同时具备了下述四种特性：

首先，总参谋部是一个研究机构，或者说是学术机构。它直接管理陆军大学，并以战史编纂为头号任务。它将军界的精英聚集起来，广泛搜集本国和各军事强国的兵要地志资料和各种军事情报及与有关军事的信息。并以此为基础展开对军事问题的深入研究。其中对军事史的研究被规定为总参谋部的核心职责之一。

其次，总参谋部是一个教育机构。它将前述研究成果转化为操典和教材，通过军校和军队，切实地贯彻到基层。同时不仅从基层遴选精英到总部，还周期性地将总部的精英派到基层，如此循环，为普军打造一个新的大脑，同时不断更新其基层血液，并为未来的战争做好准备。并且还通过外派武官制度，使得军界精英得以到国外尤其是假想敌国进行长期的体验和观察，既收集相关信息，又做到从思维方式到文化心理的知己知彼。

再次，总参谋部是一个决策机构。负责选定假想敌，并制定战争计划。

最后，总参谋部是战时的指挥机构。

在 19 世纪，这个制度是相当先进的。其中，研究与教育是达成指挥的前提。而历史研究又构成研究和教育的核心。所以，军事史研究成为总参谋部的核心职能之一，而不是像其他一些国家的军队那样，胡乱交由某个下属机构进行。此外，数学、逻辑学、地图学也是必不可少的训练内容。

在这种情况下，可以说总参谋部的每一个成员都是一个杰出的学者型专家。以身作则的毛奇堪称其中的佼佼者，这可以从毛奇的主要著述列表中得到一个清晰的认识：

1835 年，论文《丹麦的陆海军》获得普王嘉奖。

1840 年，《1837~1839 年土耳其派遣勤务报告书》呈交。

1841 年，《土耳其书简：1835~1839 年》刊行。撰写论文《德意志的国境问题》《土耳其的内部崩坏及此后的政治形态》。

1842 年，开始撰写《俄土战争史：1828~1829 年》及多篇关于铁路研究、国境问题的论文。

1845 年，《俄土战争史：1828~1829 年》刊行。

1853 年，研究石勒苏益格与荷尔斯坦因问题，撰写 1848 年到 1849 年的德意志诸邦与丹麦战争题材文章。

1856 年，撰写《俄罗斯书简》。

1862 年，关于 1859 年意大利战争的研究专著刊行。

当然，也要防止军人成为学究。所以，参谋军官每年要进行至少两次野外长途旅行，测绘地形图，进行假想战斗研究，寻访古战场，探讨过去战例的各种不同可能性。还要尽可能去外国收集情报，加以分析，然后想定各种情况，制定针对各国的战争计划。另外，每年普鲁士秋操大演习时，还要当着普王的面，担任演习的预想和裁判工作。

从 1857 年得到任命，到 1864 年普丹战争爆发，历史又走过了七个年头。七年中，毛奇的改革开始获得第一季的收获。正如戈利茨在《德军总参谋部》一书中指出的那样：

"毛奇的总参谋部逐渐成为军官的集体，他们具有实事求是和不计职务高低、默默无闻的作风，掌握准确无误的工作方法，善于精心估算目标的可行性。对技术进步有充分了解以及团结其部属的高度责任感。由于几乎所有高级指挥官都曾接受过总参谋部和军事学院的训练，因此总参谋部的作风对全军影响颇大。"

也可以说，德意志统一战争的三战三胜，在军事学的层面就是总参谋部制度的胜利。

但在曼陀菲尔等老式政客的眼中看来，毛奇果然是个让人放心的书呆子。而毛奇的不世功勋也就在这默默无闻中奠定了基础。

铁路产生的新战略

在毛奇所处的时代，交通与通信手段发生了一个巨大的变化。这就是铁路和电报的产生及推广。

毛奇不仅意识到铁路使军队的战略展开速度六倍于拿破仑战争时代，更意识到所有新技术的关联性及内在缺陷。也可以说，他是第一个将铁路、电报与总参谋部有机结合，组合出全新战争指导体系的将军。

据说，这个关注起源于他和夫人长期两地分居。在当时，铁路是最便捷的陆上远程交通工具。就是在这一次次的远程旅行中，使得毛奇开始思考铁路与未来战争的关系。这个说法固然浪漫，却不免小

▼ 毛奇油画像

瞧了毛奇。事实上，早在普鲁士还没有铁路的时代，毛奇就开始思考新的交通、通信工具与未来战争的关系了。

得益于对战史尤其是拿破仑战争的研究，毛奇意识到运动是战争的灵魂。所以对于运输和通讯工具的发展，毛奇是相当的关注。1840年，毛奇就参与了汉堡铁路的修建。1843年，毛奇撰写了多篇分析铁路的重要性和发展前景的专业论文。1857年，出任代理总参谋长的毛奇开始付诸实践，通过对交通与通信系统的改良来提高普军的动员效率。他改组了总参谋部原有的部门结构，在对原有的三个处进行重新命名和分配任务后，又成立了第四个处——铁道处。1858年，在总参谋部的策划下，普军进行了第一次以铁路为介质的大规模机动演习。这次演习共出动16 000名官兵，650匹战马，78辆货车。演习证明，铁路的运输能力比事先预计的还要大。第二年，毛奇就正式向战争部长冯·罗恩建议，建造更多的铁路，尤其是复线铁路，以提高军队的战略机动力。1862年，毛奇组织了以丹麦为假想敌的铁路动员演习。1864年1月19日至24日，也就是丹麦战争爆发前夕，毛奇又组织了一次铁路大演习，"依靠铁路将一个步兵师（15 500人、4 583匹马、377辆车）从明登运到哈堡，总共使用了42列火车，平均每天7列，行程175英里。"

关于毛奇对铁路的关注，还有一种说法认为是源于他在铁路方面的投资。他花了10 000塔勒投资了柏林——汉堡铁路（一家私人铁路公司），不久后便加入了公司的管理委员会，之后他还在《德意志季刊》（Deutsche Vierteljahrsschrift）发表了一篇论文：《投资铁路时要考虑的问题》（Welche Ruecksichten kommen bei der Wahl von Eisenbahnen in Betracht），里面的内容与军事无关，而是讨论投资什么样的铁路项目收益多，回报大。说到这里顺便提一下，德国人大概是对铁路最痴迷的民族，而这种痴迷是从小培养出来的。我们中国小朋友几乎每个人的童年都有过玩具小汽车，但是有玩具小火车的就不多了。而在德国，至少在商场里，玩具火车的比重极大。中国玩航模和车模的人也很多，但是很少有人玩铁路模型。德国人对铁路模型极为痴迷和投入，不单单是火车头和车厢，还有铁轨、扳道岔的设备、火车站、信号灯、站台、树木、铁路工人——这些东西都有模型，有钱的人家很喜欢投入巨额资金搞出一套完整的铁路系统（自己还会做小山、隧道、铁路旁的农场什么的）。看过西德电影《英俊少年》的国人，都会对里面小主人公海因钦与外公一起玩火车的镜头印象深刻。

言归正传，在技术更新的同时，毛奇开始在更高层次整合技战术，最终形成了一种全新的作战样式，这种新作战指导被后人称为"毛奇式的外线战略"。要理解这个命名，先要明了另一个历史名词——约米尼式的内线战略。

一场拿破仑战争造就了两位杰出的欧洲军事理论家，一位是堪称大师的克劳塞维茨，另一位就是名动一时但今天已较少为人提及的瑞士人约米尼。

约米尼认为拿破仑的胜利就是内线战略的胜利，而战争的诀窍也就在于谋取内线优势。这种战略即拿破仑式内线战略。但是拿破仑的一生其实并非仅依赖内线战略，只是形势所迫等等原因汇聚，才造成了拿破仑多使用内线战略的客观事实。如乌尔姆会战就是一次经典的外线战略胜利。故而所谓的拿破仑式内线战略其实是约米尼式的内线战略。

在拿破仑战争结束后的很长一段时间内，约米尼的书籍风行欧美世界，美国南北战争期间，甚至很多士官的背包里都装着一本。内线战略也就被当时欧美军界的主流人士奉为获胜的不二法门。

可偏生有个毛奇不盲从权威。他从普鲁士的特殊情况出发，再结合那个时代最大的交通、通信革命，终于形成了一种全新的打法。

普鲁士因为地处中欧，四面都是潜在敌人，所以在全局战略上无疑倾向于内线战略，但在具体到每一个作战方向上时，毛奇却并不想死守某一种教条陈规。他认为：

"内线作战毫无疑问占优势的说法只在一种情况下才是正确的，那就是你保留了足够的空间能够以一系列行军朝某一股敌军推进，从而赢得时间来攻打并追击，然后再转向打击另一股此前只能观望的敌军。然而，如果这个空间过于狭小，以致你在进攻一股敌军的同时，无法规避另一股敌军攻击你的侧翼或后背的风险，那么内线作战的战略优势就变成了在会战中被敌包围的战术劣势。"

毛奇还认识到："随着部队规模的扩大，其运动就越发困难。同一天，在同一条道路上，不可能运送超过一个军的部队。同时，部队越接近目标，其运动同样越难，因为这限制了可用的道路数目。由此，一支军队的正常状态是分解为几个军。如果没有很确定的目的就急于对这些部队进行集结则是错误的。即使仅仅考虑补给因素，连续集结大军也必然陷入困境，而且往往不可能。集结及其所造成的后勤压力使得会战势在必行，因而不应当在会战时机还不成熟时就忙于集结分散的部队。因为一支集结起来的庞大军队不再能够行军，它只能在会战的战场上进行调动。为了行军，军队首先要分兵，这在面对敌人时是非常危险的。而要想进行会战就一定要集结。故而：战略的本质就是对分散行进进行组织，但目的在于适当时机进行集结。"

如此军队分散前进，合击会战，最终达成一种对敌军的合围歼灭。铁路与电报的价值就在于，可以为这种分进合击的新战法提供技术保障。军队将以更快捷的速度调度，信息沟通的改良则有助于对调度中的混乱进行有效管制。同时，基层军官们要具备充分的主动精神，上级只规定大概的目标，下级则充分发挥创造性完成任务，并且要针对战场上的新变化灵活反应，这就是著名的任务导向原则。

当然，这些都是理想状况。此时的普鲁士陆军远未完善，还要在实战的摔打中曲折前行，但有了善于总结教训的总参谋部，这柄利剑会在即将到来的德意志统一战争中越磨越快，一剑封喉。

第四章

克制的胜利

力 排 众 议

1864 年初，在俾斯麦的一手策划下，普鲁士、奥地利、汉诺威、萨克森等德意志邦国联手对北欧小国丹麦展开了军事行动。这是俾斯麦精心策划的以武力统一德国大棋局中的第一步。这次战争的表面动因在于解决丹麦境内的德意志人聚居区（石勒苏益格与荷尔斯坦因）的归属问题，实际上却另有玄机。

开战的肇因来自于柏林西北部日德兰半岛根部的两个公国——石勒苏益格与荷尔斯坦因身上。这两个公国此时已被丹麦国王统治 400 多年了。荷尔斯坦因与汉堡的郊区接壤，大多数是日耳曼人，而石勒苏益格则位于半岛的东部，包含有基尔港和附近重要的峡湾，大多数人是丹麦人。这个问题可谓由来已久。其中，石勒苏益格自古就是丹麦的领土，荷尔斯坦因则是德意志人的聚居地，到丹麦战争爆发前，该公国只有三分之一的丹麦居民，而石勒苏益格的南部地区也已经德意志化。从主权归属上讲，荷尔斯坦因是德意志联邦同盟的一个成员邦，但自中世纪以来又一直是丹麦男性国王的私产。换言之，如果丹麦国王是女王时，丹麦国家便不再享有统辖荷尔斯坦因的权力。根据维也纳和会上作出的规定，丹麦国王因为兼任荷尔斯坦因大公国的大公的原因，同时又是德意志联邦同盟的会员。

这样一种错综复杂的主权归属，为日后的争端埋下了伏笔。

早在 1481 年，时任丹麦国王的克里斯蒂安一世签署了一条法令，规定荷尔斯坦因与石勒苏益格两个公国应该结合为一，永不分离。其本意在于通过这个法令将荷尔斯坦因永远留在丹麦旗下——因为石勒苏益格是世所共知且公认的丹麦国土。可是，克里斯蒂安一世并没有在文件中说清楚这一点，于是便给丹麦自己设置了一个大麻烦。到了 1848 年，革命风暴席卷欧洲大陆，与德意志统一运动相呼应，荷尔斯坦因与石勒苏益格的德意志居民也开展了脱离丹麦的运动。荷尔斯坦因的德意志统一派趁机起事，宣布将脱离丹麦，回归德意志。本来，这个时候丹麦国内主流观点已经不再拘泥于要强行把荷尔斯坦因留在丹麦旗下，但麻烦在于 1481 年法令。荷尔斯坦因的回归派以此为据，宣传他们不仅要让荷尔斯坦因回归德意志，而且要带着石勒苏益格一起加入德意志。"因为这两个州得保持永不分离（up ewig ungedeelt）"。虽说此时石勒苏益格的南部已经德意志化，而且长期以来该州的执政者也是由说德语的文职官员出任，但让丹麦人放弃这块自古就属于自己的领土，还是根本就不可能。斡旋无效后，丹麦政府军与独立派之间遂兵戎相见，爆发了一场历时三年的局部战争。

此时的普鲁士自然是支持回归派的观点，只是由于普鲁士同样为内部革命所苦，并最终半途退出，这才使得丹麦政府军得以全力应付叛军。1850 年 7 月 25 日，双方在荷尔斯坦因市东北约十公里处的伊斯特德荒原进行了一场主力会战，4 万丹麦军与 27000 名叛军在三英里长的战线上厮杀了整整一天。战斗最终以叛军的败退而告终。三年战争也随之结束。两年后的 5 月 8 日，英、法、俄三强又以《伦敦议定书》的形式再次承认了丹麦对荷尔斯坦因与石勒苏益格的统治权。

虽说丹麦赢得了胜利，却未能抓住机会从法理上一劳永逸地解决荷尔斯坦因与石勒苏益格问题，1481 年法令依然有效，荷尔斯坦因也依然要通过国王个人间接属于丹麦，而丹麦奥尔登堡王朝的末代君主腓特烈七世恰恰没有子嗣，这就为日后普、奥与丹麦的半岛战争的爆发埋下了伏笔。

面对德意志统一派咄咄逼人的宣传攻势，丹麦政府最关心的依然是石勒苏益格问题。1863 年 11 月 13 日，一个黑色星期五的晚上，丹麦议会作出了一个重大决议，通过了一部新宪法，宣布将石勒苏益格直接并入丹麦，而没有提及 1481 年法令的废止。这样一来，如果荷尔斯坦因保持原状，就背离了 1481 年法令，造成了石勒苏益格与荷尔斯坦因的分裂。而如果 1481 年法令依然有效，那么宣布石勒苏益格直接并入丹麦，也就意味着荷尔斯坦因也将直接并入丹麦。而无论按照哪一个解释，都可能挑起一场新的冲突。

两天之后，腓特烈七世还没有来得及签署这个麻烦的法令，就在格吕克斯堡的城堡里一命归西了。

国王逝世的消息在当天晚上通过电报传到了哥本哈根，虽然是周日，但所有剧院还是立即停止了所有演出，沿海所有要塞的火炮全部鸣炮致哀。鉴于腓特烈七世没有子嗣，在由谁继承丹麦王位的问题上陷入分歧。石勒苏益格和荷尔斯坦因的德意志人，一般支持丹麦王室的庶系分支奥古斯滕伯格家族；丹麦人则认为该家族与德意志关系太密切，比较支持与之对立的格吕克斯堡家族，希望该家族的克里斯蒂安王子成为新国王。最终政府与议会拥立了格吕克斯堡的克里斯蒂安亲王为丹麦国王，从而开启了格吕克斯堡王朝，是为克里斯蒂安九世。

年轻的国王在经过了三天的犹豫后，终于决定签署这部众说纷纭的新宪法。这部十一月宪法表明，丹麦不会直接兼并石勒苏益格，转为成立一个特别的议会（其名称是中世纪后期北欧议会 Rigsraadet），处理两地的共同事务。两地更会维持独立的议会。出乎当时很多人意料之外，但其实正在情理之中的，这部宪法的宣布在荷尔斯坦因与石勒苏益格并未引发大波动，却在德意志诸邦尤其是普鲁士掀起了轩然大波。

俾斯麦看到了机会，在国事会议上提议夺取荷尔斯坦因与石勒苏益格，从丹麦统治下"解放"当地德裔居民，并借战争履行德意志联邦法律。威廉一世却表示自己在法理上并没有在这两个邦国的权利。俾斯麦是个"强权即公理"的坚定信仰者，他反驳道："从前的大选侯、腓特烈大帝在普鲁士与西里西亚有过什么权利？全部霍亨索伦家族都是开疆拓土的人。"威廉一世听了默不作声，诸大臣也是一片沉寂，连罗恩都不说话。后来俾斯麦读会议纪要时发现，自己如此重要的提议竟然未被载入，秘书解释说是威廉一世吩咐删去的。俾斯麦事后回忆说，国王大概认为我是中午饭吃撑了才如此胡言乱语。但俾斯麦是个不达目的誓不罢休的人。他坚持说服威廉一世，并与反战的议院做斗争。他在议院开会讨论作战借款案时威胁说："假若议会不肯投预算票，那么我们就要无论哪里有钱都要抓来一用。"愤怒的议院随即投票否决了作战借款案，俾斯麦一怒之下解散了议院。

俾斯麦一方面在议院强行实施国王赋予他的权力，另一方面又利用议院来限制、恐吓国王。他说惟有一种强硬的外交政策，那就是打仗能够堵住那些反对扩军者之口。最终说服了威廉一世。

在摆平国内反对意见的同时，俾斯麦积极拉拢奥地利加入反对丹麦的同盟。因为他明白如果普鲁士单枪匹马地攻打丹麦，首先会触怒欧洲列强，然后就会触怒奥地利。而普奥同盟，一方面造成德意志邦国统一对外的局面（实力最强的普奥保持一致，其他小邦自然不会有异议），另一方面会使欧洲列强保持中立（毕竟任何单个欧洲强国都不愿意与普奥两强同盟对立）。奥地利迫于形势，只能支持普鲁士的行动。至少在名义上，奥地利还是德意志境内各邦国的领导者，况且，所有的德意志人都要求支持两个大公国，如果什么都不做，则意味着将全德意志的领导权拱手送给普鲁士。

在俾斯麦的精心策划下，普鲁士与奥地利——这两个最重要的德

▲ 奥地利皇帝弗
兰茨·约瑟夫一
世

意志邦国站出来为荷尔斯坦因的德意志同胞讨说法来了。

在这种气势汹汹的压力下，丹麦采取了两个重大决策：其一为解散旧内阁，成立新内阁，大有改弦更张之意；其二为将荷尔斯坦因境内的所有武装力量撤离，以清楚表示丹麦并不想继续将荷尔斯坦因滞留在丹麦境内，而只想保住石勒苏益格。可以说丹麦已经做了最大的让步，事实上这也是丹麦的传统——能不打仗就尽量不打仗。当拿破仑战争爆发时，丹麦本来是准备与英国结盟，规避开大陆战火的。只是因为英国谈判代表的无礼和英国海军此后对哥本哈根冒失而野蛮的炮轰，才硬是把丹麦驱赶进了拿破仑的怀抱。当战争结束时，维也纳会议决定终结丹麦与挪威长达 439 年的邦联传统，让挪威脱离丹麦独立时，丹麦也保持了沉默。在丹麦人看来，聚散无常，不值得为此大动兵戈。当时英国出于弥补丹麦损失并适度维持势力平衡的考虑，曾建议将荷兰并给丹麦，却被当时的丹麦国王腓特烈七世所拒绝。他可不想刚走一个麻烦，又来一个更大的麻烦。

按理说，丹麦如此忍辱退让，普、奥自可以趁势收兵，不战而胜，完成一次不流血的收复。但是，对于俾斯麦而言，这场冲突本身没有太大意义，只是为了下一轮的对奥开战埋下伏笔，同时锻炼普军（毕竟此时的普军已经享受了超过半个世纪的和平），并且要把荷尔斯坦因与石勒苏益格一起拿下。

与奥地利达成一致的俾斯麦在德意志联邦会议上提出动议，最后达成决议，联邦派出军队占领荷尔斯坦因。普、奥派出 57 000 人的联军，到达石勒苏益格和荷尔斯坦因边界，丹麦军队则主动向北撤退；1863 年圣诞节时，普、奥联军占领荷尔斯坦因。1864 年 1 月，局势持续紧张，但没有战斗；丹麦军控制艾达河北岸，普、奥联军则在南岸。1864 年 1 月 16 日，俾斯麦向丹麦发出最后通牒，要求他在 48 小时之内废除十一月宪法。这在政治上是不可能，尤其因为限时太短，丹麦政府拒绝接受。如此一来，虽然丹麦做了极限的让步，但战争还是爆发了。

半岛激战

从表面上看，普、奥联手对付一个小小的丹麦，可谓胜券在握。可是，当时的丹麦依然有着强大的海军，陆军虽小但在本土作战，更重要的，丹麦与英、俄两大强国的关系不错。故而这场战争的最大未知数就是英、俄的干涉。俾斯麦的解决办法是将战火严格限制在石勒苏益格与荷尔斯坦因境内，同时争取速战速决。可是，联军低效和混乱的指挥恰恰没有做到这一点，战火扩张到了整个日德兰半岛，战争有长期化的趋向。于是毛奇和他的总参谋部得到了崭露头角的机会，正式从幕后走到台前。

当战争在 1864 年爆发时，根据协议，这次联合军事行动的指挥官由普鲁士军人出任，但奥地利有一个附加条件，即此人必须有实战经历。可是，普鲁士军队已经享受了半个世纪的和平。这样一来，八十高龄的弗兰格尔元帅就成了唯一人选。

相形之下，此时总参谋长的地位仍然不高。不仅尚未被赋予直接觐见普王的权力，甚至当其要觐见战争部长时也必须通过该部战争总署的署长进行安排。至于普王展开的决定军政要务的御前会议，总参谋长一般是不会得到邀请的，甚至事先与事后也不会向总参谋长征询意见。同时，总参谋长、总参谋部与作战单位尤其是野战指挥官之间也还没有建立明确的联系。

毛奇因为人际关系而在出任总参谋长后得到了很多新的权限，如当其觐见战争部长时，无需再通过该部战争总署署长。但就当时普鲁士的核心决策层而言，毛奇仍然只是一个门外汉。

半岛战争的作战计划出自毛奇之手，他建议：快速通过最南边的荷尔斯坦因进入石勒苏益格，从两翼绕过丹麦防线，包抄丹麦两翼，

不仅是铁血
德意志帝国统一启示录

将丹麦军主力歼灭在石勒苏益格境内,不让它北撤到日德兰半岛纵深。这样联军就不需要深入日德兰半岛,也不至于在国际上引发列强的激烈反应。作战时间则选择在冬季,因为普鲁士没有舰队,冬季封冻的海水可以抵消丹麦的海军优势。

但是直到丹麦战争爆发后,毛奇仍然是上无法进入核心决策层,下无法获得前线指挥官们的认同和尊重。联军司令弗兰格尔本人就是一个最大的总参谋部质疑派。毛奇全靠了和卡尔王子(威廉一世的侄子,德国统一战争中最出色的野战指挥官,绰号"血王子")的参谋长——布鲁门塔特上校的私人情谊,才得以及时掌握前线的战况。这种尴尬的局面造成了初期会战的一连串不利形势的出现。

由于联军的配合和战地指挥出现脱节,导致了原定计划的破产。意识到危险的丹麦军决定放弃荷尔斯坦因,他们一路北撤到了石勒苏益格的南部边境。

此时丹麦军队的指挥官是戴梅扎,炮兵出身,注重细节,在司令部里的大部分时间在给法国的十四行诗谱曲,或给自己的扫帚设计象牙柄。是一个很有贵族派头的军事将领,至于其专业素养,如日后证明的那样,如果只是打一场传统的欧洲式战争,他还是足以应付的。

与此同时,普、奥联军在弗兰格尔的率领下,于1864年的2月1日,越过埃德尔河的边界开始向北推进。双方随后在米松德发生了接触战,普军两个旅(6 000人,64门大炮),正面攻打丹麦军2 000人防守的米松德村周围的五座堡垒。两天的战斗,双方各损失500人,丹麦军继续北撤。最后沿着一千年前的古代丹麦人保卫国境修筑的防御堤岸——丹内维尔克防线布防。该防线长达六十英里,而守军只有4万人。至于防线本身,更多的是具备一种心理价值,因为经过一千年的岁月侵蚀,堤岸本身早已崩坏多处,而且地形地貌也与当初发生了沧海桑田的变迁。本来,西部是泥炭地和沼泽,但现在它们已经干涸,而且在冬季全部冻结,非常适合于进军。而原有的防线却不能有效防御这些地区。

如果接下来普、奥联军能够在丹内维尔克防线上消灭丹麦军，仍能避免战争的长期化和战争向内陆延展的危险。可是，这个目的很快成了泡影。

就在普、奥联军忙着准备渡过第二条河流的时候，丹麦军的新作战计划产生了。

本来，丹麦军队确实是准备坚守丹内维尔克防线的。但是，在新首相视察了前线后，明智地决定放弃这条防线，撤到有更好阵地且正面狭窄的迪普尔要塞设防。

对于这个建议，戴梅扎表示反对，因为这样做的话，他无法及时将阵地上的大部分火炮转移。事实上，这个反对意见来自于一个落伍的思维定势。即无论是首相还是戴梅扎都没有想过要利用铁路进行物资和人员转移。本来可以两全其美的办法最后还是做了取舍。首相的态度很坚决，就算是丧失相当数量的火炮也必须撤退。

戴梅扎领受了这个任务。2月5日晚，丹麦军穿过冰封的荒野，在暴风雪中开始了撤退。这次撤退是在极其恶劣的环境中进行的一次秩序极佳的转移，没有人质疑丹麦陆军的纪律和组织性，但对于后人而言，还是不得不对之做出保留意见。因为历史的画卷展示，就在他们拖拽着笨重的行李、搀扶着受伤的战友艰难跋涉的道路平行的地方就是完好的铁路。但是，他们宁肯拿铁路当撤退的路标，却从未想过借助蒸汽机的力量转移。而当时只要一个晚上，火车就可以在前线与他们的撤退目的地之间完成十次以上的往返。

不过这次撤退进行得还是比较成功的。直到第二天（2月6日）天亮后，普、奥联军才察觉到猎物已经溜走了。而普、奥联军直到上午十点才架好桥梁，下午四点才全部过河。随后，奥地利久负盛名的骑兵队展开了追击，却在一个叫做桑基尔马克的地方被丹麦军的后卫击退了。双方战斗了一个小时，奥军死伤 400 人，丹麦军损失 1 000 人，但是，丹麦军控制了战场，保障了主力的转移。在经过了十八个小时的艰难跋涉后，丹麦军终于撤到了弗伦斯堡，稍事休整后又撤到了要塞化的迪普尔山。

这次撤退引发了丹麦公众的不满，因为他们的感情无法接受不战而放弃传说中的伟大防线的现实。于是，戴梅扎便成了替罪羊，被宣布撤职。而新的指挥官格洛克患有严重的风湿病，却又不相信他那位能干的副手杜普拉特，遂导致丹麦军在迪普尔的防御始终缺乏有力的指挥。

但是就当时的整体形势而言，这次撤退已经使普、奥联军陷入了巨大的困境之中。现在，一支丹麦军团一路北撤，把大部分奥地利军引到了遥远的半岛北部，而根据原计划，是不需要如此深入日德兰半岛的。

另一支丹麦军团则拒守着背靠大海前依高山的迪普尔要塞。该要塞在三公里的正面上分布着十个堡垒。而迪普尔要塞的背后，又是要塞化的阿尔森岛，在该岛靠近大陆的方向，沿海岸修筑了八公里长的永备性工事。同类的沿海据点还有好几个，它们像钉子一样扎在沿海，正对着联军漫长的补给线和侧翼。如果丹麦军利用其海军优势，对联军进行机动式的侧翼奇袭，必将对联军造成很大的麻烦甚至灾难性后果。此时丹麦军的意图已非常明显，是要凭借防线和要塞节节抵抗，缓慢向半岛纵深撤退，同时以舰队和阿尔森等岛屿驻军威胁联军后方及侧翼，争取英、法、俄等列强出面干涉。

于是，普军的任务就是尽快拔掉这些钉子，并为战争的政治解决获取有利的机会与条件。

可是，弗兰格尔以及他的参谋长法尔肯斯坦，实在不足以当此大任。围绕迪普尔要塞的围攻组织得混乱而无效。普军的两次强攻均受挫败。于是毛奇主动向普王请缨，接掌了迪普尔要塞的攻击权。

毛奇的战术是以火力代替人力，以工事对抗工事。

第四章　克制的胜利

▲ 迪普尔战役

他从战线各个部分和后方调运攻城重炮，火力密度达到空前的水平：平均每一米半就有一门大炮。普军集中炮火猛轰一个月，同时在炮击的后半段进行工事接敌——士兵们借助战壕与掩体，逐步接近敌军。从距敌前沿 900 米（3 月 30 日）到 400 米（4 月 11 日）到二三百米（4 月 18 日）。然后在 4 月 18 日上午十点，普军发动突然冲锋，20 分钟之内便拿下要塞，四个小时后结束战斗。是役丹麦军损失 4486 人（内有 1700 人阵亡），普、奥联军阵亡士兵 1200 人（其中绝大部分损失是由最初两次不成功的强攻造成的）。

迪普尔要塞的丢失造成了丹麦军的大混乱，他们现在正穿越连接大陆与阿尔森岛的桥梁疯狂撤退，出色的杜普拉特也在组织穿越大桥的撤退时阵亡。如果不是丹麦海军的及时出现，不仅这支部队必将全军覆灭，阿尔森岛也将不保。

毛奇的军事能力从此获得普王信任，获准出席御前战争会议，标志着总参谋长开始进入普鲁士的核心决策圈。

因为英国的出面调停，5月9日，普、奥与丹麦签订了一个临时停战协议，英国随之召集各方在伦敦召开和平会议。会议上，丹麦希望自己能够保留丹内维尔克以北的领土，普、奥则坚持只把石勒苏益格最北面的一小块土地留给丹麦。英、法拿出了较为有利于丹麦的折中方案。但是，丹麦首相蒙勒得与克里斯蒂安九世均无法接受不能完整保留石勒苏益格的现实，于是他们拒绝了这次和谈的斡旋结果。战火在6月下旬再次点燃。

调停期间，普军进行了重要的人事变革，因为曼陀菲尔与罗恩都已经对法尔肯斯坦失去了信心。鉴于迪普尔要塞作战初期的不顺利，先是法尔肯斯坦被撤职，毛奇被派往前线负责实际的指挥，随后弗兰格尔也被撤职，代之以卡尔王子。作为毛奇的学生，卡尔王子不仅和毛奇私交甚笃，而且对毛奇的专业能力及其渊博的知识一贯钦佩，这些都为毛奇的大显身手扫清了障碍。

为了解除侧翼和后方的威胁，毛奇策划奇袭阿尔森岛。

该岛四围全部构筑有胸墙工事，有18 000名丹麦军驻守，而且有海军协助。因为普鲁士军缺乏海军，丹麦守军认定普军只能从跨海大桥方向进行自杀性的正面突击。所以防范松懈，甚至连夜间岗哨都没有设置。毛奇抓住这个缺陷，于6月29日凌晨两点，组织了一次大胆的夜间偷渡，普军在凌晨三点成功登陆，到7月1日完全控制该岛。最终以400人阵亡的代价一举拿下阿尔森岛，根本不给丹麦海军行动的机会。而丹麦军则阵亡800人，另有大批部队被俘。与此同时，奥军也基本控制了整个日德兰半岛。

伴随着这个新战果的产生，普、奥的价码也水涨船高，并且谈判地点也从第三方的英国转移到了战胜国之一奥地利的首都维也纳。

10 月 30 日，丹麦代表在维也纳签署了停战协议，不仅完全放弃了石勒苏益格与荷尔斯坦因，而且还把劳恩堡公国（位于汉堡以东，易北河北岸，约 456 平方英里）也一起放弃了。这些地盘随之成为普、奥的共有领地。

1865 年 8 月，普、奥签订了加施泰因协定，荷尔斯坦因和劳恩堡小公国归奥地利管辖，石勒苏益格归普鲁士管辖，两地的主权将是联合的。这个条约对普鲁士是极为有利的，很明显，柏林已经把石勒苏益格永久性地归入了普鲁士，初创的普鲁士海军也开始建设它的主要海军基地——基尔港了。而且不久之后奥地利就以 250 万丹麦币的价格将劳恩堡小公国卖给了普鲁士（此后由于距离遥远管理困难，奥地利甚至有意把荷尔斯坦因也卖给普鲁士）。俾斯麦对此的评价是："奥地利会因这一次交易而被世人所不耻。"

丹麦战争的胜利为德意志统一创造了新的有利条件，也使得毛奇和他的总参谋部的地位进一步上升。在针对下一个对手——奥地利的御前会议上，毛奇通常都会得到邀请。其发言也会得到与会者的认真聆听与尊重。到普奥战争爆发前的 1866 年 6 月 2 日，威廉一世甚至颁布法令，规定总参谋部在战时直接听命于普王，而无需再通过战争部。总参谋长在得到普王授权的情况下，可以直接发命令给任意一支部队的指挥官，而无需再像以往那样由战争部担任中介。所有发给军队的命令都必须通过总参谋长。这在此前是不可想象的。而毛奇和他的总参谋部也将再次证明自己的能力。

科尼希格雷茨

对丹麦一战的胜利，是俾斯麦的首次外战的胜利，为此，威廉一世授予他伯爵称号，俾斯麦"解放"了石勒苏益格和荷尔斯坦因，使奥地利被迫卷入远离奥地利本土的德意志的一角（荷尔斯坦因与奥地利并不接壤，其周边被普鲁士所环绕），而且为下一次的军事对抗行动留下了借口。而这样的对抗，俾斯麦是确信能够打赢的。从1865年冬季至来年的1866年夏天，俾斯麦反复挑衅奥地利，他欲解散设在法兰克福的联邦议会，代之以新的德意志议会，从而制定新的德意志宪法，目的就是将奥地利排斥在外。当奥地利表示拒绝放弃德意志领导权，从而让普鲁士在德意志联邦自由行使职权时，俾斯麦同意大利签署了反对奥地利的结盟条约，让维也纳意识到战争已迫在眉睫了。5月，俾斯麦宣称对荷尔斯坦因有如同石勒苏益格相同的权力。6月6日，他命令普军进入荷尔斯坦因。6月15日，普鲁士向周边邻邦汉诺威和萨克森下达最后通牒：普军将要穿过其领土攻打奥地利，若抵抗就意味着同普鲁士宣战。这回威廉一世倒是站在了俾斯麦一边，但议会再次反对俾斯麦的决定，俾斯麦也就再次解散了议会。

外交上，为了稳住普鲁士最大的敌人法国，俾斯麦三次造访拿破仑三世，用出让莱茵兰的部分土地抓住了他躁动的心。同时，利用拿破仑三世希望普、奥相争自相残杀从而渔翁得利的心态，获得了法兰西的暂时中立。但是他很清楚，法国的中立，是不可能长久的。中欧的统一，对法兰西来说，不管是以什么来交换都是不可容忍的，因为由此法兰西的称霸之梦将彻底粉碎。

当时的奥地利帝国在欧洲依然是一支强大的军事力量。但奥地利军队与它的国家一样，是一个民族大杂烩。在1865年（普、奥战争的前一年），奥地利军队的花名册上有 128 286 名德意志人、96 300 名捷克人和斯洛伐克人、52 700 名意大利人、22 700 名斯洛文尼亚人、20 700 名罗马尼亚人、19 000 名塞尔维亚人、50 100 名罗塞尼亚人、37 700 名波兰人、32 500 名马扎尔人、27 600 名克罗地亚人和 5 100 名其他民族。为了防止民族动乱，奥地利不得不执行异地驻防的政策，让匈牙利部队驻扎在意大利和奥地利，让意大利部队驻扎在匈牙利。而且奥地利的工业化此时也落后于英国、法国和普鲁士，工商业的不发达导致税收不足，使军队缺乏经费来更新装备、提高训练水平。可以说奥地利的军队根本不能承担它应召去进行的战争。

但拿破仑三世见不及此，至少在他看来，俾斯麦是在自掘坟墓。所以拿破仑三世不仅没有做好干涉的准备，反而担心万一普鲁士输得太惨，会不会使法国丧失对奥的战略优势。俾斯麦利用了拿破仑三世的这个心理误算，同时与俄国交好（俄国人还在记克里米亚战争中奥地利落井下石的仇），成功避免了多线作战，进而通过与意大利结盟（意大利希望夺回被奥地利占领的威尼斯，统一意大利），反而对奥地利形成了两面夹击之势。

当然，奥地利也有盟友，在德意志境内，中南部的邦几乎一边倒地追随奥地利，在北部也不乏追随者。举凡巴伐利亚、符腾堡、巴登、萨克森、汉诺威、黑森—卡塞尔、黑森—达姆施塔特及拿骚，都是奥地利的盟友。但是，奥地利的指挥体系效率太低，各邦之间的协调也大成问题。反之，普鲁士则开战之初就利用其战略性的铁路系统快速抢占要点，迅速控制了汉诺威与黑森—卡塞尔诸邦，并占领了联邦议会所在地法兰克福。

虽然如此，俾斯麦对于军事胜利并无绝对信心，他是怀揣毒药上的前线。不过，依靠毛奇的战略，总参谋部的高效，后装步枪的战术优势，还有那么一点儿小运气，普军在科尼希格雷茨会战中大败奥军。在尸横遍野的战场上，俾斯麦扔掉了毒药，普鲁士也在那一刻搬掉了

不仅是铁血
德意志帝国统一启示录

一块胸口的巨石。

当战争在1866年爆发时，奥地利有50万陆军，而普鲁士只有30万，而且其中的5万人要作为一支独立部队负责对付奥地利的主要盟邦汉诺威。好在俾斯麦施展外交手段，孤立了奥地利，却为普鲁士争取来了意大利加盟反对奥地利。加之奥地利动员迟缓，交通不便，最后在两个战场上均未能形成明显的数量优势：在波希米亚，24万奥军对抗25万普军；在意大利北部，15万奥军对抗25万意大利军。

当普、奥战争打响之时，当时的欧洲各国与拿破仑三世一样多半看好奥地利。力量对比明显倾向奥地利，哈布斯堡家族属下的帝国拥有3 500万人口，而普鲁士才1 900万人口。德意志境内的汉诺威、萨克森、巴伐利亚和符腾堡，还有巴登和黑森大公国，加在一起还有1 400万人口，而这些邦国都站在奥地利一边。而且普鲁士军队在丹麦战争前已经五十年未经战阵。相反，奥地利陆军则在意大利与东部土耳其战场久经考验。其精锐的骑兵部队因为与土耳其军的长期对垒而极具战斗力，为普军骑兵所不及。奥军火炮的射击精度与射程也均优于普军同类火炮。唯一的不足在于，奥军火炮三分之二是前膛炮，而普军火炮已基本实现后膛装弹。

但是，作为陆军的主体——步兵，奥地利却不免大落了下风。

奥军虽然训练有素，其出色的组合与纪律经历了实战的证明，但是，奥军过于迷信刺刀的威力，日常训练的大量精力花在了白刃格斗上。而普鲁士的步兵却已经开始转向以火力战为主的训练，尤其注重步枪兵的快速精确射击以及步炮之间的协同作战。早在1841年，普军就开始装备后膛步枪（德莱赛步枪）。虽说此时的后膛步枪依靠撞针发射，由于技术还不成熟，撞针因为火药爆炸而腐蚀后，往往会折断。修复则必须更换整个枪机。但普军士兵还是从中获得了很大的助益。相形之下，奥地利直到二十年后才开始换装同类武器,而且直到普、奥战争结束，奥地利步兵的主要武器仍然是前装步枪（洛伦茨步枪）。

后者虽然射程比后膛步枪远一倍（打过靶的人都知道距离越远就越难击中目标，没有相应的观瞄系统支撑，步枪过远的射程在战场上并不实用），却必须保持站立姿势装弹、射击，这就将奥地利步枪兵置于一种极其危险的境地。

此外，奥皇约瑟夫一世还犯了一个严重的用人错误。他把帝国最优秀的将领阿伯特大公派往意大利战场，而将对意大利地形非常熟悉、却并不熟悉波希米亚地形的贝纳狄克将军派去对付普军。至于委派给贝纳狄克当首席战略顾问的克里斯马尼克将军则是一个仍生活在拿破仑时代幻想中的军人。

此时毛奇面临的一大难题在于，首相俾斯麦优先追求政治胜利（这一点被历史证明极其英明且必要），所以，他想方设法诱使奥军主动展开军事行动。这样普军就不能进行先制动员与展开，这要求普军必须后发先至，而且要在无法预期敌军攻击目标的情况下拟订会战计划。

第一点并不难做到，因为当时有五条铁路干线可供毛奇使用调遣部队，而奥军只有一条铁路干线可以用来动员与进军。但第二点就困难得多，因为奥军有多个目标可以选择，他们可以从波希米亚或摩拉维亚出发，打击上西里西亚或中西里西亚，还可以突入萨克森入侵柏林。又可以在北波希米亚或萨克森同巴伐利亚军队会师后再行动，正符合李德·哈特所谓的充分保持攻击弹性的间接路线战略。毛奇的对策是将三个主力兵团（易北河军团，由赫尔瓦特·毕腾菲尔德将军指挥，约 4.6 万人，在莱比锡东西一线展开；第 1 军团，由腓特烈·卡尔亲王指挥，约 9.3 万人，在易北河以东至格尔利茨一线展开；第 2 军团，由王储腓特烈·威廉指挥，约 11.5 万人，在格尔利茨以东至奥得河一带集结）分布在 320 公里的宽广战线上，覆盖奥军与所有的攻击目标之间的通道，一旦明确了奥军的目标所在，立即以一个兵团正面迎战，其余两个兵团则快速向奥军侧后运动，达成一个坎尼式的围歼战。至于过程中种种不能预期的情况，则留下弹性空间给予基层军官临机决断。

当毛奇明确了奥军的行动迟缓还超出他的计划之外时，他便开始采取主动。此时的奥军主力位于摩拉维亚，行动缓慢，但有侵入上西里西亚的迹象。但毛奇还是决定将普军左翼向尼斯河伸展，从而将普军推进到从托尔高到尼斯的 270 英里的弧线上。

但是，紧接着出现了一个新危机。作为拿破仑战争后普鲁士军队的第一次以大国为对手的大规模军事行动，普鲁士的军事机器还远不如日后运作纯熟，通信系统的不完善进一步加剧了混乱。一些部队收到了电报，一些部队却未能及时收到电报。而收到电报的部队的行动速度又不尽相同，造成了调度上的很大混乱。尤其当普军脱离铁路线后，这个混乱更加剧烈。最关键的时刻，指挥中枢和王储的兵团指挥部居然完全断绝了电报联络。普王当机立断，以最传统的方式——传令兵骑马飞驰二十英里，终于及时将新指令送到了王储的司令部。

同时，前线指挥官依然不怎么买毛奇的账，甚至很多人根本不知道毛奇是何许人物，在科尼希格雷茨会战前夕，一位师长读完毛奇的命令后激动地高呼"漂亮"，但随之问道："谁是毛奇？"

在初期阶段，虽然毛奇一再督促第 1 军团加速前进，但该军团却迟疑不决，因为该军团的指挥官卡尔亲王想等到易北河军团完成占领萨克森的任务后再前进，到那时该军团也将受他节制。这样就把自己放在了一个很危险的位置——分进合击的弧线上，任何一支部队的过于冒进和迟疑不前都将使自己失去友军的支援。

而奥军则表现出了出色的野战行军能力，他们分成三个平行的纵队，在短时间内抵达了约瑟夫施塔特。如果奥军在战略上采取内线方针，作战上则采取毛奇的方法，即分进合击，并在运动中完成会战部署的话，则此时的普军仍处于分散状态，很有可能第 1 军团将遭重创甚至被围歼。但是，奥军按照传统的方法停下来进行会战集结，从而浪费了三天时间。而就在这三天内，普军完成了新的部署。此时奥军不仅无法实现逐个击破，而且也来不及撤退了。奥军只好背水一战。

根据新部署，普军的第 1 军团和第 2 军团以一天的行军距离间隔前进，在战场上实现会战部署，而不再像拿破仑时代那样，先停下来完成集结和会战部署再进行会战。现在一切都呈流动状态。这种新战法的实现得益于电报之类新技术装备的使用，但更重要的还是得益于总参谋部制度的组织协调。而奥军的失败也不在于三天的时间浪费，而在于他们根本就没有不浪费这三天时间的组织支撑。

当奥军的企图被证明是入侵西里西亚后，毛奇命令各兵团也在基茨金镇集结。

7 月 2 日凌晨，毛奇发出了会战前的最后一道命令。根据他的指示，第 1 军团的右翼与第 2 军团的左翼，不应当仅仅满足于迂回并威胁敌军的侧翼，而应该更大胆地穿插入敌军的后方，切断其退路，从而实现一个现代的坎尼会战。

但是，很遗憾的是，当时的普军将领不能领悟毛奇的指令，遂使得毛奇构想中的歼灭战打成了击溃战。

7 月 2 日，普鲁士第 1 军团确定了奥军主力的位置后，立即在靠近科尼希格雷茨的萨多瓦挖掘防御工事。毛奇的计划是以该军团牵制住奥军主力，同时以另外两个军团合围。但是，毛奇的计划未能得到基层指挥官的充分理解，使得计划一度面临破产的危机。

7 月 3 日，大战开始。由于王储指挥的第 2 军团迟到，使得卡尔亲王约 10 万人的第 1 军团必须独自迎战奥军北方军团的全部主力 22 万人。普军形势危险，有被各个击破的可能。当战斗进行到中午时，威廉一世已对战况失望，他忧虑地说："毛奇，毛奇，我们正在失去这场战斗。"毛奇以他惯常的冷静回答道："不仅这场战斗，整场战争依然在胜利进行。"

下午 2：30，王储指挥的第 2 军团向科尼希格雷茨发起进攻。下

午 3：00 左右，第 2 军团的前卫部队终于抵达了奥军右翼。奥军发现自己有被合围的危险，在后卫部队的拼死抵抗下开始撤退。

　　是役奥军损失 45 000 人（其中伤亡 25 000 人，被俘 20 000 人），普军损失约 10 000 人。奥军 15 万主力南撤。

　　在当时的战况发展中，普军也显得相当混乱。各军团分别进攻，缺少协同配合，有的已经失去统一指挥，一时竟摸不清奥军撤退的方向。他们大都以为奥军必定向南撤退，经由帕尔杜比策回守维也纳。而实际上，奥军因为南翼被堵，只有向东开进。由于普军统帅部未能及时掌握情况，普军官兵因连续行军作战而疲惫不堪，加上第 1、第 2 两个军团以及奥军一些部队互相混杂在一起，统帅部也就一时无法进行指挥和调整，以致未能组织有效的战术追击，使奥军避免了全军覆灭的厄运。

▲　科尼希格雷茨战役

第四章　克制的胜利

　　科尼希格雷茨之战震撼了整个欧洲，同时也使当时不为人们知晓的总参谋部名声远扬，正如《德军总参谋部》一书的作者瓦尔特·戈利茨所言，科尼希格雷茨之战是"欧洲历史上第一次由处于第二位的、负责计划和作战的参谋部参谋长所取得的伟大胜利，而不是由一位传统意义上的统帅或总司令取得的。"而且，与以往大不相同的，作为实际上的最高指挥官的毛奇一直在柏林的办公室里靠电报指挥战争，直到科尼希格雷茨会战前四天，他才赶往前线。不夸张地讲，给总参谋部军官们穿上红边裤的是第一任总参谋长米夫林男爵，而将这红边裤变成精英象征的，却是毛奇。从这个意义上说，毛奇确实不是德国军事传统的创立者，却是其完成者。举凡总参谋部制度、军事教育体系、任务导向原则、外线战略与合围性歼灭战的结合，都是到了毛奇这个时候才发展完善并结合在一起的。

　　因为这次战争的胜利，毛奇得到了特别丰厚的奖赏（20万塔勒，要知道毛奇接任总参谋长时，普鲁士总参谋部一年的预算也就2.6万塔勒）。靠了这笔钱，毛奇购置了在西里西亚的克莱骚庄园，实现了他年轻时的"容克梦"——回到乡村，并得到其父辈失去的庄园。普鲁士历代国王对于立有战功者从不吝惜用金钱或地产给予奖赏。普法战争后，毛奇又得到了30万塔勒的奖赏，而俾斯麦得到的奖赏更为惊人——3万英亩土地。

　　俾斯麦在回到柏林后受到群众的热烈欢迎，而仅仅不到一个月前，他们中的一些人还在激烈反对他的政策（甚至咒他死掉）。现在他们却将俾斯麦所乘坐的马车的马匹卸下，甘愿以人力代替马力拉他回去。俾斯麦向来不求讨好群众，今天他的地位使他更加瞧不起他们。

　　在俾斯麦的心中，既不相信戴王冠的人的智慧（俾斯麦曾亲口对萨克森的大使说，威廉一世虽晓得以责任为重，却才疏学浅，一旦遇到重大事情，往往没有主见），也不相信民众选举的代表的智慧，他有充足的理由证明自己是普鲁士最有睿智的。这个霸道的人大权独揽，不惜把全部责任背在自己身上，他认为这样才是最有利于国家的。

适可而止

　　科尼希格雷茨的大胜使普军上下兴奋不已，军事将领纷纷主张长驱直入占领维也纳（包括毛奇），迫使对手缔结城下之盟。可是俾斯麦深知"没有赢得和平就没有赢得战争"的道理，他不想过分削弱奥地利，更不希望在即将到来的普法对决中奥地利站在法国一方，因此不仅反对进军维也纳，而且主张与奥地利签订极其宽大体面的和约（不割地，不赔款）。这样可以孤立法国，进而避免新一轮战争中的两线作战，也打消了拿破仑三世手忙脚乱的干涉行动。法国的霸权是以普、奥不和作为前提的，法国一名政治家阿道夫·梯也尔清楚地知道发生了什么，他说："是法国人在科尼希格雷茨被打败了"。法皇拿破仑三世对普、奥问题进行干涉的决定作出的太晚，他建议召开会议，试图迫使普鲁士放弃到手的成果，俾斯麦迅速反击道："如果你们想发动战争，那就来吧"，他告诉法国大使："我们将要举全德意志的力量反对你们，我们立刻同奥地利讲和，不惜代价，然后再联合奥地利对付你们，我们能召集80万大军，我们已经准备好了，而你们却还没有。"挑起战争的是他，催促战争的是他，然而经过一场大胜，他却浅尝辄止，收兵待命。这正是俾斯麦的雄才大略之处，在国际政治的大赌局上，他知道什么时候该下注，什么时候该拿钱走人。

　　可是，将领们纷纷表示反对，认为俾斯麦在剥夺"普鲁士的利剑所赢得的战果"（事实上俾斯麦才是这场战争的发起人，将军们本应该感谢他才对）。俾斯麦毫不客气地指出,这样只能是让法国渔翁得利,只怕普军未入维也纳，法军已过莱茵河。当威廉一世选择与军人保持同一立场时，俾斯麦放声大哭（真汉子自有真性情），断然递交了辞呈。而且再一次告诫威廉一世，普鲁士的德意志用不着奥地利，不能拿奥地利当普鲁士的藩属管辖。现在的要务是避免奥地利在遭受重创后与法、俄联兵对付普鲁士。俾斯麦动情地说："奥地利同普鲁士争雄，就如同普鲁士同奥地利争雄一样，我们可以理解。我们要办的事，是以普鲁士国王为首领建立统一的德意志。"这就是俾斯麦，绝不因眼前的诱惑而偏离初始的目标。当国王不敢打仗的时候，他敢打，当国王疯狂地想捞取战利品的时候，他能够冷静地对待战败国，做到适可而止。就像股市中那句名言所说的，"别人恐惧的时候他贪婪，别人贪婪的时候他恐惧"。最终在王储的斡旋下，普王十分痛苦地答应按照俾斯麦的意思办，但要求把当时的情形记录下来存放在国家档案馆中，"以证明他当时是多么无奈和委曲求全"。

解决了与国王的分歧，俾斯麦马上又面临与议会的斗争。议会认为俾斯麦未经议会批准就开战是违宪，要追究俾斯麦的责任。而威廉一世由于打了胜仗洋洋得意，要追究反战派的责任。俾斯麦再一次表现出了高瞻远瞩，他力劝威廉一世与议会和解。打了胜仗还要负荆请罪，在威廉一世看来天下哪有这样的道理，但在俾斯麦的劝说下，他再一次做出让步。能够压抑自己内心的好恶，从善如流，这大概是天资并不甚高的威廉一世能够成为一代雄主的原因吧。

俾斯麦与拿破仑很大的不同在于，他从来不是一个独裁者，他既没有绝对的权力，也没有赢得过议会多数。很多人对俾斯麦的对外政策敬佩有加，觉得他拉一个打一个，"可以在空中玩八个球"。其实他对内搞党派平衡也是靠耍手腕，一方面他利用党派矛盾渔翁得利，另一方面也导致他自己变得没有任何铁杆支持者：军方对俾斯麦的外交政策向来不满；《反对社会民主党进行普遍危害活动法》让左派社民党（包括马克思）将其视为欧洲最反动的掌权者；"文化斗争"与右派德意志中央党结下了深仇大恨……

很明显，如果没有威廉一世的支持，一个既没有党派基础，也没有军人支持的俾斯麦，不可能有任何成就。而且如果看一下俾斯麦的履历，他的职业生涯跳级太多，其晋升完全是不正常的快，特别是当我们考虑到普鲁士那种循规蹈矩的官僚体系。郭德纲说他成功一不感谢专家、二不感谢同行，只感谢观众。俾斯麦恐怕也可以说，他成功，一不感谢左派，二不感谢右派，甚至也不感谢军方，他只感谢威廉一世一个人（连威廉一世的老婆都不用感谢，相反，俾斯麦认为王后恨他）。

回到柏林后，俾斯麦在议会发表讲话，他诚挚地说："我们目前还有很多问题没有解决，军队建立的功绩不过增加了我们的赌本，与从前相比，我们一旦输了，就会输得更惨。诸位先生，我们的任务是保持全国一致，事实上和表面上的一致。你们的眼光要放远一些，留意一下国外，千万别忘了我们必须同心合力一致对外。"如此掷地有声的金玉良言赢得议员们的声声喝彩。议院也因此放弃权利，不再因为政府的行为违宪而弹劾政府。战争胜负未决时，俾斯麦待人严厉，坚持己见（绝不允许反对意见干扰他的决策），一旦战争胜利，俾斯麦却会待人谦和，放低身段（尽快与反对派修复关系，维护团结）。权在手，和为贵，做人留一线，日后好想见。不为己甚，适可而止，一切围绕自己的既定目标，这才是大政治家的风范。

8 月 23 日，普、奥签署了《布拉格和约》，解散由奥地利主持成立的"德意志联邦同盟"，奥地利向普鲁士赔款 4 000 万普鲁士金币。以往追随奥地利限制普鲁士的汉诺威、黑森—卡塞尔、拿骚、法兰克福，还有萨克森以及上次战争的战利品——荷尔斯坦因与石勒苏益格，此次均明确并入普鲁士旗下，并成立了以普鲁士为核心的"北德联邦"，标志着德国统一的准备工作业已就绪。其直接结果就是使得普鲁士控制下的人口由 1 900 万人增加到 3 000 万人，常备军也膨胀到 80 万人。而且北德各邦都仿行普鲁士的军事制度，军队战时统一受普鲁士总参谋部的节制。甚至此时尚未入盟的美因河以南的四个邦国，巴伐利亚、巴登、符腾堡和黑森—达姆斯塔特，也开始仿行普鲁士的总参谋部制度。俾斯麦还坚持让他们同普鲁士签下秘密的军事盟约，其中包括在战时将各邦国的军队交与普鲁士指挥。

对当时的欧洲而言，这是一个魔术般的胜利。而俾斯麦的高明之处还在于，他在大胜之后，严厉压制了那些主张向议会秋后算账的声浪，以凯旋明星的身分向议会极尽曲礼，献捷称颂，从而皆大欢喜地终结了宪法危机，达成了内部的空前团结。

而俾斯麦得到的是巨额奖金（和毛奇一样，俾斯麦用来购置了一个大庄园）和普鲁士式的荣誉封号——终生军籍再加后备军铁甲骑兵第七团的少将军衔。

受普、奥战争战败的冲击，奥地利国内一度被压制的民族解放运动又再度汹涌澎湃起来，奥皇为了拉拢自特雷莎女皇时代就一直效忠哈布斯堡王朝的匈牙利贵族，不得不于1867年授予匈牙利自治权，成立奥匈二元君主国，其正式全称是："帝国议会所代表的王国和领地以及匈牙利圣斯蒂芬的王冠领地"（圣斯蒂芬一世是匈牙利的第一位基督教国王，他后来被尊为圣人），简称奥匈帝国，奥皇兼任匈牙利国王。新的奥匈帝国进一步拉开了与德意志的民族纽带。

现在，德意志的统一只剩下最后一个障碍，当然也是最大的障碍，那就是拿破仑三世和他的梦中帝国。

第五章

底线绝杀

挑逗的红布

在人类并不漫长的政治事件史中，对于那些戏剧性的重大事件而言，随机应变的成分总是多少压倒了深谋远虑的事后追述。

和以往的认识大不相同，在普、法战争中发挥了巨大作用的所谓"埃姆斯电报事件"并非俾斯麦早已埋下的定时炸弹，而是一个意外的随机应变的产物，而这次随机应变的前提，却是俾斯麦的一次外交失误。

1870 年，因为西班牙王位的继承权问题，普法之间爆发了一场外交纠纷。1868 年 9 月，西班牙舰队叛变，女王伊莎贝拉二世被放逐，出任摄政的普利门元帅希望在欧洲的王室中寻找一位西班牙王位的继承者。1870 年 2 月，普利门与俾斯麦进行了一次秘密谈判，后者提出了一个可能的候选人——霍亨索伦家族的利奥波德亲王。普利门与亲王进行了接触，亲王同意接受王位，但要先获得普王和法皇的同意。这一消息在法国遇到了巨大反弹。当 1870 年 7 月 3 日，法国政府和民众第一次听说这件事时，就爆发出了警告和谴责普鲁士的声音。拿破仑三世的外交部长格拉蒙特公爵声称："法国的荣誉和利益处于危险中，我们不能容忍一位外来的亲王占据西班牙王位，这将打破权力的平衡。"在拿破仑三世看来，这无异于是普鲁士在编织对法国的战略包围圈（其实威廉一世事先对这个秘密谈判也毫无所知，得知后大为惊讶，并表示强烈反对）。在法国的严厉抗议下，利奥波德亲王于 7 月 12 日被迫放弃了提名权。这无疑是法国的一个重大胜利，而俾斯麦却低估了这个可能性，遭遇了一次罕有的外交挫败，以至于他"最初的想法是辞职"。可是，法国外交界却得意过了头，决定进一步羞辱普鲁士。法国在没有任何盟友的情况下，单枪匹马地要求威廉一世做出书面保证，保证日后再不允许任何一位德意志亲王取得西班牙王位。拿破仑三世在接受记者采访时甚至声称，如果普方拒绝，就是对法国宣战。而法国大使在面见威廉一世时的神情与语言都可谓极其傲慢。

对于这个侮辱性的要求，威廉一世只有回绝。俾斯麦抓住了这个机会反败为胜，他将普王从埃姆斯发到柏林的回电泄露给新闻界，挑起了新一轮外交风波。虽然以往认为"埃姆斯电报事件"是俾斯麦蓄谋已久的，而且他不仅泄露了电文，还篡改了电文，增加了侮辱性的字眼。实际上并非如此，这只是一次随机应变，而且俾斯麦虽然在泄露时进行了个别措词处理，但并未改变原文的意思与语境。俾斯麦并没有作假，他只不过把原文修改得紧凑了些。原文像一个扁而又成形的气球，空气不多，因而飘不起来，而现在气球里充满了气，飞得很高很高，使千千万万的人可以看得见了。俾斯麦的计策就如他日后所说："我们要让敌人先动手，这是十分必要的。假使我把这个草稿交给新闻界，再用电报通知各国大使馆，则在巴黎马上就会被人知道了。于是对高卢野牛产生的效力，就会像一块红布一样的灵验。"果然，法国被激怒了，巴黎的民众走上街头，高呼"战争万岁！打倒柏林！"的口号。孟德斯鸠曾在《论法的精神》里一语成谶地写道："人民的本性就是感情用事。"而法国人的感情似乎特别充沛。此时此刻，这些热血沸腾的巴黎人肯定想不到，数月之后，他们和他们的国家就将为自己的冲动付出惨痛的代价。

政府的对外政策被群众的情绪所左右时，危险就不远了。因为群众很容易简单地把国际事务理解为非黑即白，环顾四周所目睹的都是邻国的敌意与本国的委屈。当群情激愤时，就会对本国政府的外交政策感到不满，斥之为太过软弱，迫使政府在每一次外交场合都力图表现出强硬态度，唯恐在国内受到批评。这样就无法在外交上达成任何妥协来避免发生对抗。而外交就是合理妥协的过程，当诉求无法达到时，就要研究如何不失尊严的撤退。而群众却把战争当作游戏，为每一次政府的强硬行径而叫好，看作是取得的胜利而欢呼雀跃。政府的态度被迫不断僵硬起来，终于感到宁可诉诸战争而无法妥协。

对于那些动不动就喊打喊杀的人，有必要仔细想想下面这三句话：坚墙之后逞勇易；战争会因你需要而到来，但是绝不会当你不需要的时候离去；没有经历过战争的人总认为战争是甜美的。

当然，对于拿破仑三世而言，决定动武的原因不是一封电报那么简单。法皇拿破仑三世的对外政策是基于两个想当然，其一：法国是欧洲最强大的国家；其二：法国的权威不容被一个联合起来的德意志去挑战。拿破仑三世本心并不想打仗，但局势却逼得他不得不打仗。此时的拿破仑三世正处于内外交困的地步：对内无限制地强化军事官僚国家机器，引起工农和民主力量的反对；对外穷兵黩武，侵略阿尔及利亚，争夺意大利，远征中国、墨西哥，国力耗尽，国际地位下降。在这年5月举行的国民大会上，虽然施加了压力，使用了贿赂，但拿破仑三世得到的支持票依然不到700万张，反对票有50万张，弃权票则高达300万张（无言的反对）。面临严重的政治危机，拿破仑三世深知，转嫁矛盾的出路只有一条：阻止德国统一，恶化两国关系，进而用战争手段夺取莱茵河左岸地区，转移人民视线，从而巩固自身的统治，而汹涌的民意正好给了他开战的动力。事实上，激进思潮横行的法国在这个电报泄露之前，就已经做好了军事准备。早在7月

13日,拿破仑三世就和他的大臣们达成了一致意见,如果普王拒绝做出书面保证,法国就采取军事行动。14日,法军进行动员。

而俾斯麦对战争早有准备,在1868年他就曾预言,拿破仑三世的不稳地位必将引起战争,也许就在两年之内。和前几次一样,俾斯麦已经为军事行动创造了绝佳的外部环境。俄、奥、意都采取作

◀ 拿破仑三世

壁上观的姿态。只有英国虽采取中立姿态却心情暧昧，因为英国的传统国策是维持欧洲各国间的势力平衡。只是因为法国的历史记录太具有扩张性（此时还在与英国争夺苏伊士运河的开凿权，并在印度洋争夺利益），拿破仑三世又一向行事高调而不按常理出牌，所以英国对法国的警惕高于对德国统一的担心。而且此时发生在印度的大起义，也牵制了英国的力量。虽然如此，这一次英国还是表示愿意调停普、法之间的纠纷，可是，这个建议竟被拿破仑三世一口回绝了。

正是在这里暴露了拿破仑三世的一个致命缺陷。作为一个出身不正的君主，他总是不敢在激进的涉外公共舆论面前表现忍耐，他总是顺着大众的盲动更加盲动。当巴黎的报界叫嚣着要向柏林进军，打第二次耶拿会战时，他们无疑完全没有意识到世界已经发生了沧海桑田般的巨变。拿破仑三世本知道普、法之间的实力对比已经发生逆转，远非耶拿会战时期可比。可是他却畏于激进的舆论，而不敢坚持自己的判断。他幻想着能侥幸取得一次新的耶拿会战的胜利。为了弥补力量的不足，他准备联合奥匈帝国共同对付普鲁士，一度甚至还幻想把意大利也拉拢进来。他计划以先发制人的突然袭击抵消普军的数量和组织优势，同时鼓动德意志南部各邦对付普鲁士，并最终与奥匈帝国盟军会师于柏林。

为什么拿破仑三世在与普鲁士作战时会寄望于南德诸邦？因为从历史上（同属拿破仑建立的莱茵联邦）和宗教上（与法国都信奉天主教），南德诸邦亲近法兰西胜过普鲁士。在科尼希格雷茨战役后，巴伐利亚国王就曾经公开表示，如果法国和普鲁士开战，"巴伐利亚与奥地利愿帮法兰西。"直到1870年初，符腾堡"宁愿变作法兰西的一员，不愿变作普鲁士的一员。"而黑森的大公更是在1868年就鼓动法国主动进攻普鲁士。

但是，在俾斯麦的战略运筹之下，奥匈帝国、意大利都选择中立，这次法国必须和丹麦、奥地利一样，独立对抗普鲁士的挑战。用丘吉尔的话说："唯一比有盟友更糟的事情是打仗没有盟友"。不过，巴黎的民众倒是干劲十足，不断举行大规模的反普游行示威，报界更是一片"进军柏林"的叫嚣声。在这种情况下，骑虎难下的拿破仑三世只得顺应民意出战，并决定亲自督师。实际上，这时的拿破仑三世已经疾病缠身，并不适合亲临战地。何况他也从来就没有具备过他叔父的野战才华。

此时的法军在精神上靠拿破仑的神话来维持，陶醉于天下无敌的想象中。而法国在克里米亚战争（1853~1856年）和意大利统一战争（1859年）中的胜利又强化了这种想象（这两场战争在军事艺术上都乏善可陈，与其说证明了法军的善战，不如说反衬了对手的无能）。它使法国从上到下都看不清楚法军实际上的腐化情形。法军依然英勇，可是在行政组织、战术指挥、参谋作业、后勤保障等各方面都已落后，而且无人加以注意。普、法战争爆发时，尽管法国陆军部长埃德蒙·勒伯夫元帅向拿破仑三世保证：他的军队已经准备"系好军靴上的最后一颗纽扣了"，但事实是法国人一切都没有准备好。营地无法设立，因为没有人知道帐篷在哪儿；铁路运转时间表没有拟定，有的部队没有火炮，有的部队没有运输工具，有的部队没有救护设备；仓库中空空如也，要塞中缺乏补给。由于后勤混乱，有的前线部队甚至要向附近居民乞食才能免于挨饿。

而严阵以待的普鲁士军队则完全是另一番景象。

筹备对法作战

自黎塞留以来，阻止一个统一的德意志的出现，一直是法国的国策。1675~1813年，法国侵入德意志诸邦的次数不下十四次之多——

平均是每十年一次。耶拿会战的惨败和拿破仑的占领，更是普鲁士人没齿难忘的奇耻大辱。所以在俾斯麦的战略棋局中，法国一直是头号对手，毛奇也一直没有忘记这个敌人。相形之下，拿破仑三世则较为藐视这个中欧的对手，直到1866年普奥战争结束后，法国开始警觉到来自普鲁士的威胁。这才由陆军大臣向国会提出扩大兵役案。但直到普法战争爆发，这一改革尚未实施。结果，北德联邦动员了80万人，2000门大炮，10万匹马。法军则仅动员了50万人，924门大炮，11个骑兵师。而且法军火炮主要仍为前膛装弹的青铜炮，普军则已经大量装备了克虏伯制造的钢质后装线膛火炮。

尽管如此，留给毛奇的军事课题仍很艰巨。

在普、奥战争中，普鲁士虽然依仗后膛步枪占据了很大的优势，但其所装备的武器还很不可靠，因为后膛密闭问题未能很好解决，经常会因为后膛突火而造成士兵的眼睛失明。而法国陆军则普遍装备了当时世界最佳的夏斯波拉栓式步枪，同样是后膛装填，但改良了密封设计，枪机附加了橡皮圈，射击时可以封闭枪膛，防止漏气。除了射速之外，夏斯波步枪在各方面都比普军的德莱赛步枪优秀，尤其在精度和射程方面（是德莱赛步枪射程的两倍）。

此外，法军还有一件秘密武器——用手摇柄操作的后膛装填机关枪，有25根枪管，每分钟能射出150发子弹，射程达到1 200米。不过，法军的保密措施太过成功，直到开战前几天才将这件武器发给部队，导致士兵们不懂得如何发挥它的作用。更大的问题在于，机关枪被归入炮兵武器，这样就导致它在步兵战中的火力优势难以发挥，而与普军的火炮相比，它的射程又实在太短。

从征兵制度上讲，普军每年征募63 000人，这些新兵先服现役三年，再服预备役五年，然后编入地方民兵。法军则是要求士兵至少要服五年现役。又由于当时法国规定服役者可以出钱找人代服兵役，而当时大量的有产者青年都不愿意去长期服兵役，以至于在法国出现

▲ 法军的秘密武器：用手摇柄操作的后膛装填机关枪

了专业的负责组织代服兵役的公司。这样做也有一个好处，即那些被专业公司组织起来代服兵役的都是有过服役经历的老兵，这些人怀着对老拿破仑时代的怀念和对军营生活的向往，希望能长期留在军中，这就使法国30万常备军中约三分之一是服役期极长的职业军人。而且这支常备军可以随时投入战场，虽然如后所述，法军的总体动员缓慢，但如果法军采取先发制人的战法，却有可能打乱普军的整个动员时间表。

其实法军与普军最大的差距还不在兵力兵器

上，而是他们没有一个普军那样的总参谋部。在毛奇的改造之下，普鲁士的总参谋部已经相当成熟，历时四年制定的对法战争详细计划，还有战略指导思想的培训，使普军战端未开已占优势。普鲁士总参谋部训练出了成批量的优秀军官，而且不一定要求实战经验，可以集中个人的智慧成为军队的大脑。一个国家一个民族的命运，是不能寄托在诞生一位天才身上的（因为命运不可预期），也不能寄托在靠实践经验培养军事人才身上（如果几十年不打仗呢），而应该寄托在一个理性的制度，培养一个高水平的军官团上。普鲁士的军官们，在教条和灵活、个性和共性中找到了平衡。所以，尽管普鲁士在普丹战争前五十年未经战阵，但是依然展现了出色的指挥和良好的机动。而反观此时的法军参谋部，人员尽是一些刀笔吏，或少不更事，或老气横秋，一天到晚忙于例行公事。开战后，法军的巴赞元帅由于不信任参谋部的人员，甚至禁止他们上战场，而改学六十年前的拿破仑，使用其私人幕僚。尽管在 1868 年就有法国驻普鲁士的武官报告："一旦战争爆发，在普鲁士的各种优势因素中，最重要的莫过于他们的总参谋部军官团。我们的根本无法与之比较。在下一场战争中，普鲁士的参谋组织将为其致胜的最重要因素。"

早在 1866 年，毛奇就定下了普法战争的基调："对法作战计划不过是始终锁定敌军主力，在哪里发现它，就在哪里进攻它。唯一的困难是如何以非常庞大的兵力来实施这个简单的计划。"

科尼希格雷茨战役结束后，毛奇曾如此总结他的胜利："最好部队能够在会战日从分开的各点上向战场本身进击。换言之，如果能以这么一种方式指挥作战行动，即各路部队从不同方向上最后距离进至前线，并且插入敌人的侧翼。那么战略就达到了它能够达到的最佳地步，接下来必定是大好结局。没有任何先见之明能够保证分兵进击必然取得这么一种最好结局。这不仅取决于可计算的因素，即空间与时间，也往往取决于先前小规模战斗的结果，取决于天气，取决于消息的对错真伪。总之，取决于所有在人类生活中被称为偶然性与运气的东西。然而，在战争中不冒大险就不会取得大胜。"

根据普丹战争的经验，毛奇提出了"战略的进攻性、战术的防御性"这一概念。普、奥战争后，毛奇进一步认识到了防御战的优势。他在 1869 年颁布的"对高级指挥官的训示"中说道："由于后膛枪可以卧倒发射，遂使得防御者占有地利。所以我方应尽可能占有这样的阵地，而让敌人来向其进攻。在发动攻势之前先利用防御的优点似乎是完全合理的。"毛奇还意识到："对于一个单纯的正面攻击，所能期待的是很小的成功和很大的损失。所以我们应该尽量迂回敌军阵地的正面。"他的计划是以一支部队通过防御战牵制并消耗贸然进攻的敌军主力，同时以其余部队展开合围。

动员准备也在反复操练之中。1867 年 11 月，动员演习显示，普军完成动员与作战部署只需要 32 天。到 1868 年的同类演习时，已经缩减到 24 天。到 1870 年，进一步缩减到 20 天。事实证明，普军的动员与部署速度比法军快了一倍还多。当 45 万普军已经完成动员与部署后，法军的动员工作才刚刚完成一半。

同时毛奇对于法国的铁路网也做了深入细致的研究。为了追求迅速集结，法军将被迫把部队集中到孚日山脉的两翼，一个在梅斯，一个在斯特拉斯堡，二者无法实现横向支援。而毛奇将三个军团的兵力集中在北起特里尔，南到兰道的莱茵河沿岸地区。如果法军采取攻势，这些位于中央位置的军队将比分散的法军更易于互相支援。这里毛奇俨然又将内线策略与防御优势结合在了一起。一旦动员完成，德军便将转守为攻，再次以分进合击的姿态杀入法国，并将终点站目标锁定在了巴黎。

战争爆发时，北德联邦总兵力（含预备武装）已经超过 100 万人。实战中战争部长罗恩动员了 1 183 389 人，编成三个军团。因战争初期无法确定奥地利的动向，故而德意志南部订有秘密协议的邦国暂时按兵不动，待到奥地利确定中立后，南部又动员了 8 万人，组成了第四个军团。

在铁路方面，北德联邦本有六条干线可以用于对法作战，南部动员后又追加了三条干线。

相形之下，法军的动员计划就多少难免临时抱佛脚的杂乱无章。

1870 年 7 月 19 日，因为受到"埃姆斯电报"的刺激，长期以来早就被不合时宜的历史记忆烧昏头脑的巴黎对柏林宣战。而在之前的 7 月 15 日夜，普王已宣布军队处于临战状态。同样在 19 日，北德联邦向法国宣战。8 月 4 日，德军完成动员与部署。在动员之夜，毛奇满意地说，这是他最轻闲的一刻。而法军此时仍处于混乱状态。

横扫千军如卷席

正如毛奇预测的那样，法军因为受铁路网的限制，被迫将其大军分割在孚日山脉的两翼。由于意识到了这个缺陷，又看到了敌军在数量上的优势，拿破仑三世决定以先发制人的奇袭来弥补这些弱点。

他的计划是在梅斯集中 15 万人（后来的巴赞军团），在斯特拉斯堡集中 10 万人（后来的麦克马洪军团），在沙隆集中 5 万人的后备队。前二者分处孚日山脉的两翼，以先发制人的攻势杀入德意志南部诸邦国，形成一个反北德联邦的新势力联盟，最后再拉上奥地利，一起向柏林进军。同时派遣优势的法国舰队运载部队登陆易北河与波罗的海的德国沿岸地区，发动侧后袭击。

这个计划虽然看上去非常诱人，实则全是纸上谈兵。拿破仑三世根本没有将这个计划变成现实的组织结构，同时他对国际形势的判断也是完全错误的，奥地利不准备参战。最后，法国海军确实去了易北河口，但因为缺乏装备和训练，却没有同时带去登陆部队，完全是虚晃一枪。

相比之下，毛奇的计划就非常具有现实性和针对性，而且他有一整套参谋组织贯彻他的计划。

毛奇集中了三个一线兵团，分别是：斯坦梅茨的第 1 军团（6 万人），腓特烈·卡尔亲王的第 2 军团（19.5 万人），皇储的第 3 军团（13 万人）。其中第 3 军团负责牵制麦克马洪军团，第 1 与第 2 军团则张网以待，等待巴赞军团进入陷阱。威廉一世和毛奇的总指挥部驻扎在美因茨，直接控制 10 万人的预备队。

▼ 威廉一世、俾斯麦、毛奇在战场上

前哨作战进行得非常混乱，超出了双方的预想之外。法军过于轻敌，而普军基层指挥官们则过于急躁。结果导致双方在边境地区的最初交锋失去了控制，负责牵制任务的普军第3军团和法军麦克马洪军团8月6日打了一场沃尔斯会战，双方各损失了1万余人后，法军后撤了。这样就使毛奇诱敌深入的计划遭到了破坏，不过，普军也从任务导向原则中得到了好处，当最初的意外会战在孚日山脉的东侧发生时，第1军团和第2军团也立即采取了应变措施，他们向炮声的方向集结，而不是坐等来自柏林的指示。虽然开局比较鲁莽而混乱，但任务导向策略还是引导德军完成了分进合击的战略构想。

法军步兵虽然在步枪射程上占据优势，但普军的办法是以炮兵优势加以抵消。后者的火炮本就占据上风，实战中又得以集中使用。而法军火炮则分散布置，进一步拉大了双方的差距。往往使得法军步兵的步枪优势来不及发挥，就已经被普军的炮火所击垮。

就在麦克马洪受挫的同时，普军在斯皮齐云高地又逐退了隶属于巴赞军团的法国第三军。是役普军损失4 500人，法军损失约4 000人。普军的收获在于占据了有利的位置，逐渐对法军的主力兵团构成了合围之势。而法军则因为这两次前哨战的失利而引发了内部政治动荡，为了应付这个政治危机，正在撤退的巴赞军团被强制性地滞留在梅斯及其以东地区，奉命至少死守住梅斯要塞。而麦克马洪军团则继续西撤，这样就导致法军的两个主力兵团背道而驰，刚脱离了孚日山脉的阻隔，又人为制造了新的问题。

到8月中旬，尾追而至的普军第1和第2军团，开始以标准的毛奇式外线战略合围梅斯附近的巴赞军团。普军左翼越过了摩泽尔河，开始迂回法军的后方，右翼则紧紧咬住法军不放。本来，发现梅斯要塞存粮不足的巴赞元帅已经准备抗令西撤，但现在为时已晚。8月15日和8月16日，普、法两军在梅斯以西地区连续发生两场会战，会战的结果是普军封锁了法军西撤的道路，迫使法军返回梅斯要塞死守。

在普军原计划中并没有准备在梅斯打一场围攻战，但总参谋部再次灵活高效地制定并落实了新计划。第1军团的全部，加上第2军团的大部分，共计15万兵力奉命包围梅斯，监控巴赞兵团（值得一提的是，德国大哲学家尼采当时以医护兵的身份参加了梅斯围城战）。第3军团则和近卫军、第四军和萨克森第十二军，共13.8万人，另组成缪斯军团，由萨克森王储指挥，以凡尔登为目的，展开广大正面的分进合击。

此时麦克马洪军团已开始向巴黎撤退，如果法军能够保住这支部队，并以之死守巴黎，同时争取国际斡旋，还不至于像后来输得那样惨，但再一次地受到国内激进势力的干涉。留守巴黎的欧仁妮皇后坚决反对麦克马洪军团退入巴黎，也不让拿破仑三世进入巴黎，因为如此一来首都的民众就要造反了。这是一个被毛奇所深恶痛绝的政治考量压倒军事合理的典型。尽管毛奇赞同克劳塞维茨"战争是政治的继续"的观点，但他认为一旦开始战争，就应该按战争规律办事，不能用政治考量去干扰军事行动。"战争艺术的首要任务和权利在于阻止政治提出违反战争本质的要求"。进退维谷的麦克马洪被迫去进行一场豪赌，他奉命前往梅斯与巴赞军团会师，夹击普军。

这又是一个彻底的纸上谈兵计划。麦克马洪自然不敢直接撞向普军正面，便决定向北走，抵达法、比边境后折而向东，迂回普军右翼，伺机再转向南面杀向梅斯，与巴赞军团会师。而当时的比利时是中立国，其中立得到英国的认可与保卫。如果法、普任何一方践踏了比利时的中立，就等于向英国宣战。这样一来，比利时的边界就成了一道铁幕，法军沿着法、比边界进军，等于是选择了一个狭长走廊地带行军，很容易被合围。

当毛奇接到关于麦克马洪的最新动向时，第一反应是不敢相信，不敢相信对手会犯这样大的一个错误，让巴黎完全没有掩护，而越过敌方的正面行军。其危险程度就如对马海战中东乡平八郎率领日本联合舰队在罗日杰特文斯基率领的俄国太平洋舰队的炮口面前转向一样。但麦克马洪不是东乡平八郎，毛奇更不是罗日杰特文斯基。在这个行踪得到了普军缴获的法军密令的佐证后，毛奇马上调转进军方向，开始挤压麦克马洪军团，并最终在色当这个法、比边境的小镇捕捉住了这股法军。

普军在8月30日完成对色当的合围。在一连串的接触战后，法军于9月1日发起了突围行动。威廉一世、俾斯麦、毛奇、罗恩（几位德意志统一的关键人物都到齐了）共同见证了这一决战时刻，一起观战的还有英国的军事代表沃克上校和美国南北战争时期的骑兵名将谢里登。法军骑兵发起了一波又一波英勇的冲击（堪比三国时期公孙瓒的"白马义从"），但在普军密集的炮火面前一次次无功而返（在场的德意志王公们只能眼睁睁地看着自己剩下的独立性在普军大炮的轰鸣声中一点点消失）。诚如在色当被俘的某位法军军官所说，普军是靠着"五公里长的炮兵"取胜的（现代战争仅有勇敢是不够的）。只有法军少数骑兵冲到了普军后方预备队的位置上。当他们回头时，距离普军某营已在手枪射程之内，普军的营长十分钦佩他们的英勇，命令部队停止射击，军官行军礼致敬，法军骑兵则高呼着"皇帝万岁"疾驰而去。这大概是这场残酷的战斗中唯一一抹感人的亮色。

经过一番无望的苦战后，法军在9月2日选择了投降。普军以8 960人的损失（内军官460人），使法军遭受了毁灭性打击。后者战死3 000人，负伤14 000人，战斗被俘21 000人，投降83 000人，另有3 000人逃入比利时境内被解除武装，总计损失了124 000人。此外，普军还缴获野炮（含机枪）419门、要塞炮139门、车辆1 072辆、战马6 000匹。

色当战役的胜利，使俾斯麦的"铁血政策"在德意志人面前展现了辉煌的战果，同时也震慑了南德诸邦。巴伐利亚、巴登、符腾堡、黑森先后派代表团到达普王驻地的凡尔赛，同普鲁士进行关于国家统

一的谈判。俾斯麦根据南德四邦对待统一的不同态度采取不同对策：拉拢巴登和黑森两个小邦国，向巴伐利亚让步，孤立符腾堡。11月15日，巴登、黑森加入联盟。23日，巴伐利亚获若干自主权后（邮政、铁路、电报系统独立，和平时期的陆军也独立）也加入联盟。两天后，孤立的符腾堡只得就范。至此，美因河南北的两部分德意志联成一片了。

德国官方的历史上说："色当的胜利是日耳曼领袖和人民共同努力的成果，其成功之伟大是历史上没有先例的。"此言并不夸张。这次胜利确实来之不易，不应忘记，普、奥战争进行了七个星期，而普、法战争则打了七个月。但越是艰难获得的胜利往往

▲ 色当的法军骑兵冲锋

▲ 威廉一世接受
拿破仑三世投降

受益也更大。一个新的帝国现在崛起在了欧洲的中央，一个新的组织——总参谋部制度开始向世界各国扩散。其对战争形态的影响是丝毫不下于下一个世纪末海湾战争的震荡。从这一点上说，总参谋部制度的变革引领了当时的军事变革。此战之后，毛奇和他的总参谋部成为各国争相效法的典范。

毛奇本人也因此达到了一生军功的顶峰。这一年，他 71 岁。

不过这个胜利未免太过彻底，居然戏剧性地俘获了本该成为谈判对手的拿破仑三世。普军上下事先并无人知道拿破仑三世也在包围圈中。当他本人前来媾和时，居然被普军士兵误认为是一名普通的法国将军。这确实是一个辉煌的胜利，但未免过于辉煌。当拿破仑三世出现在俾斯麦眼前的那一刻，俾斯麦就痛感麻烦大了。果然，一贯情绪激越的巴黎人民采取了行动，法国再度处于无政府状态。现在，普鲁士是大获全胜，却找不到终结战争的谈判对象，结果就是漫长的巴黎围城。

9月18日，德军包围巴黎。从本心来说，俾斯麦是反对进军巴黎的，他的想法是依靠拿破仑三世的军队复辟，因为名声扫地的拿破仑三世已经不再危险。但威廉一世与将军们再一次反对。尽管俾斯麦在议会为军队争取到巨大的利益，但将军们却并

▼ 俾斯麦（右）与拿破仑三世在色当

不感谢他，因为他们觉得俾斯麦的权力过大了，这让一贯视自己为国家重心的军队很不爽。皇室军事内阁主管冯·曼陀菲尔就说过："一个政治家要求的权力多于军队的领袖们，这真是怪事！"而促成德意志统一的天才组合，俾斯麦与毛奇，也是互相看不顺眼，他们只有一件事是相同的，就是彼此极其不相信对方。有一件事很能说明两人性格上的巨大差异。在色当大捷的那天晚上，毛奇请疲倦的俾斯麦下马，同他一起乘坐马车。当他们经过部队时，军人们向他们的领袖毛奇大声欢呼。俾斯麦以为这欢呼是给他的，说："他们这么快就认识我，真没想到。"毛奇听了，一言不发，过了几天，才向别人笑谈起这件事。毛奇在普、法战争中一再表示过对俾斯麦干预军事行动的不满，认为他"既要判决文事又要判决武事"。

现在对如何攻克巴黎，两人之间又发生了分歧。毛奇的策略是围城——用饥饿取胜。但俾斯麦担心英国等列强的干涉，所以主张对巴黎进行炮击，以此摧毁对方的心理防线，强迫对手进入谈判程序。对于这个建议，毛奇很不痛快。首先，毛奇认为这是外行对内行的不当干涉，损害了军人对战争指挥的专有权。其次，毛奇不相信炮击能够击溃对方的心理防线。最后，无区别炮击有损普鲁士军人的荣誉。

事实证明，俾斯麦在方法上是错误的，毛奇在定义文职政府与军人关系的认识上是错误的。毛奇的错误埋下了日后德国悲剧的伏笔，而俾斯麦的错误日后还将被更多政治领袖所重复。战争的实践证明，无论是齐柏林飞艇的空袭，还是考文垂、德累斯顿与东京的毁灭，都不足以摧毁守方的心理防线，而只能是制造出越来越严重的人道主义灾难。20世纪千机大轰炸无法完成的事情，1870年的克虏伯大炮更难以做到。不过俾斯麦最后还是达成了心愿。1871年1月5日，普军开始炮击巴黎。1月27日，巴黎投降。3月1日，普鲁士军队迈着铿锵的步伐，伴着雄壮的军乐，行进在巴黎的大街上——这是这个世纪普鲁士军队第三次进驻这座城市。

似乎俾斯麦又一次胜利了，但恐怕还是长期的饥饿产生了更大的效果。被困在城中的法国人被迫将猫、狗、老鼠、鸽子以及所有能吃的动物全部集中起来，进行严格的食物配给。正如一位俄国目击者所记录的那样："他们吃狗、猫、大小老鼠，味道好像猪肉和山鸡炖在一起似的。猫的售价是20法郎，老鼠值4法郎。一磅狼肉不少于30法郎，蔬菜——多少钱也买不到，牛奶要掺进四分之三的水。"在俾斯麦接待巴黎派出的谈判代表时，他的随从官员们很感兴趣的一件事就是——这位从饥饿的巴黎来的使者吃饭的时候到底能吃下多少东西。

　　19世纪中叶的欧洲，似乎是两个人——拿破仑三世与俾斯麦的时代。但是，事实却证明他们不是

▲ 在巴黎郊外的普鲁士军队

一个级别的对手：俾斯麦成功了，却不为人所理解；拿破仑三世失败了，却不知道自己为什么失败。奇怪的是，这二人却都预示着某种现代政治家的风格：拿破仑三世就像现代那些依靠宣传机器来包装的政客，不断关注民意的变化，总试图迎合民意；而俾斯麦似乎从事着王朝的事业，却有着现代政治家的手腕，能够操控民意为己所用。他们的区别在于：拿破仑三世经常为虚荣心所动，对什么都想利用，却对他所要利用的力量总是估计错误；而俾斯麦有胆量，敢冒险，却对他所要对付的力量有精确的计算。德、法两国的命运，难道不是由他们二人种下根子的吗？

现在，普军大获全胜，德国的统一就在眼前。三十年战争后百年的风云激荡和血泪汗水，为的只是这一刻，谁也没有想到，威廉一世会因为一个帝号的问题，在这一刻要撂挑子不干了。

帝号之争

称帝的第一个障碍来自于威廉一世有着太过于浓厚的普鲁士情结，在他看来，德意志的统一标志着伟大的普鲁士国王传统的消失。对于这个消失他个人是非常伤感的。为了抚平这个伤感，俾斯麦与皇储真可以说是费了九牛二虎之力。没想到刚刚解决了第一个障碍，又遭遇了第二个障碍。这个障碍就是前文提到的"德意志皇帝"与"德意志的皇帝"的帝号之争。

"德意志皇帝"是一个比较温和的称呼，给各邦留下了较大的自主性，可以最低成本地实现德意志的统一。但如果是"德意志的皇帝"的话，包含有对非普鲁士地区行使君主权力的意味，这将侵犯很多邦所珍视的传统权力，从而招致南部各邦的猜忌（巴伐利亚和符腾堡的国王就坚决反对这个称号），造成不必要的麻烦。俾斯麦不愿意为了一个称号而放弃实利。而且，此时对于普王称帝，德意志内部也有着不同的声音，自由主义者出于理想而反对（不希望复活一个帝国），而大邦的王公们则出于嫉妒而反对（本来都是王，现在自己却要矮一截）。

可是，这一次威廉一世坚决要当"德意志的皇帝"。争论进行得一度非常激烈，威廉一世还把他那个俄国亲戚搬出来做例子，说沙皇不是"俄罗斯的皇帝"吗？俾斯麦只好找来俄语专家，证明那是一个翻译错误，其实是"俄罗斯皇帝"。俾斯麦甚至递给威廉一世一枚普鲁士银币，让他看上面刻的是"普鲁士王"，而非"普鲁士的王"。但威廉一世依然不做让步。况且威廉一世也不是第一次想撂挑子了：1848年，为了保全他的哥哥，他愿意退隐；1862年，为了争取"军事改革预算案"的通过，他想过退位；现在是1871年，为了他钟爱的普鲁士，他愿意放弃送到眼前的皇冠。直到登基前的最后一刻，他仍在对其女婿强调，他要做就做德意志的皇帝。大典之后，曾经有人向俾斯麦问起帝号之争的事，俾斯麦的回答是："我知道这件事对我来说是一幕可笑的滑稽剧！"

1871年1月18日，即普鲁士国王加冕170周年纪念日，德皇加冕仪式在巴黎近郊凡尔赛宫的镜厅如期举行。

就在这天的早晨，俾斯麦找到了威廉一世的乘龙快婿巴登大公，进行了最后的努力。后者将在当天的加冕典礼上担任司仪。

"我们绝不能功亏一篑，请运用您的机敏，否则，帝国将有可能胎死腹中。"

虽然有些胆怯，但巴登大公还是找到他的岳丈，建议采纳"德意志皇帝"的称号。对此，威廉一世大发雷霆："我想怎么办就怎么办！本人称号，本人做主，今后想怎么称呼就怎么称呼，怎么顺口就怎么说，再不能听俾斯麦那家伙的摆布了……"

于是也才有了后面的一幕。

由皇储率领的庞大仪仗队缓缓进入。后面紧随着的是 2 000 余名诸侯贵胄、文武百官。他们在 72 米长的镜厅里整齐有序地各就各位。这是一个非同寻常的历史时刻，不仅汇集了那个时代的巨头，甚至还不可思议地闪现出下一个时代的巨人身影。为了这次庆典，每一支部队都选派了与会代表，这既是军队对皇帝的拥护，又是皇帝对军队的恩宠。在这些代表中，有一位 23 岁的步兵少尉兴登堡，此时可谓名不见经传，日后却将在第一次世界大战中出尽风头，并在战后出任新德国的元首，与俾斯麦一样名垂史册，一样遭到同等级别的争论不休。

正午时分，威廉一世穿着普鲁士第 1 军团制服出现在镜厅门口。他从容地扫视全场一周后，快步走上讲台站立在普鲁士的军旗之下，并邀请德意志各邦君主上台来与他并列。

祈祷过后，威廉作了简短致辞。接着便是由司仪巴登大公带头进行欢呼。

最终的欢呼既不是"德意志皇帝万岁"，也不是"德意志的皇帝万岁"，而是"威廉皇帝万岁"！

这个意外的欢呼令威廉一世多少有些惊讶，惊讶之中是努力压抑住的愤怒。在一片"威廉皇帝"的欢呼声中，这位皇帝陛下缓缓从高处走下，径直从首相的面前走过，依次与首相身后的将领们逐一握手。俾斯麦把威廉一世在加冕典礼上的全部快乐都破坏了。在这次极为严肃的典礼上，当着全部德意志王公和众多记者的面，还有那些将军们，老威廉明确表示出他喜欢什么人，不喜欢什么人。

在下午的庆功宴会上，威廉一世说了那段著名的谢词："您，罗恩将军，磨亮了宝剑；您，毛奇将军，正确使用了宝剑；您，俾斯麦伯爵，多年来如此卓越地掌管我的政策。每当我感谢军队时，就特别地想到您们三位。"宴会上，皇帝虽然大度地为首相举杯，但是在随后的几天里，皇帝始终冷淡面对首相。直到通过一次公文往来，威廉

▲ 德皇加冕典礼

一世以自己的方式表达了和解的态度。威廉一世向来节俭，凡有公文送来，他批示过后仍用原来的封套发回。这天他批阅俾斯麦送来的公文，封套上写着"联邦会首相呈皇帝陛下。"威廉一世用笔勾去了"联邦会"三个字，改成"帝国"。这种难以企及的忍耐力与包容性也正是威廉一世最了不起之处。

似乎是出于一种弥补，在他的授意下，作为加冕典礼亲历者的宫廷画师维尔纳制作了一幅巨型油画，戏剧性地改写了加冕一刻的历史事实。在这幅画里，厚重的黑色军装与高扬的战刀构成了不可阻遏的主题色调。在这片黑色的海洋里，有两个引人注目的中心：一个是威廉皇帝，以其高高在上的位置凸显；一个是帝国首相俾斯麦，以色调凸显。画面中，俾斯麦身着与众不同到刺目程度的白色礼服，在显赫的位置上昂首傲立，目光深邃而坚毅，宛如巨浪中的一块不可摧毁的岩石。在这里，首相成了视觉效果上的绝对中心，其不同寻常甚至压倒了高高在上的德皇。只是很少有人会再提起，在画面外的历史中，这位中心当时却是唯一被冷落的边缘。而且，那天首相穿的也不是如此与众不同的白色礼服，而是与背景色相同的黑色重骑兵制服。这当然不是记忆失误的结果，当时才23岁的维尔纳应该深刻地记下了典礼的每一个细节。所有这些都是一种人为的补偿。当然德意志帝国不会亏待它最大的功臣，3月21日，新皇帝威廉将俾斯麦伯爵晋升为亲王，授予他镶有钻石的霍亨索伦族徽的大十字勋章，并赠予他靠近汉堡的一处田产。

但是，首相并不在乎这些，他关心的只是结局：德意志，终于统一了。

新德国

1871年6月16日，一个万里无云的日子，俾斯麦、毛奇和罗恩，三人并骑，率领着得胜之师返回柏林。他们三人身后是新帝国的主人威廉皇帝，他独人独骑前行，皇帝的身后是一队德意志的王公贵族，81面被缴获的法国军队的各种团旗，最后是4.2万名德军士兵。林荫大道两侧挤满了欢呼的民众，他们在高兴地喊着、叫着，无法抑制住自己的感情。一个统一的德意志，这是德意志人从中世纪以来的梦想，以一个辉煌的具有可怕的军事实力的新帝国的形式出现在欧洲历史舞台上。

俾斯麦，这个披着守旧主义外衣的革命者，凭借着他对列强之间矛盾的出色运用以及对均势体系底线的良好把握，终于打破了欧洲均势格局对普鲁士的压制，圆了德意志统一的千年梦想。

这个时刻，一切都意味着辉煌，恐惧被抛在一边，俾斯麦已攀登到其政治生涯的顶点，他是德意志的英雄、欧洲的仲裁者。每一次，他的出场，他的举止，他的言语，都被看成是"上百万把刺刀辐射出的寒光所映照出的光环。"正像英国大使安博瑟尔勋爵所说的那样："他的话使人意气勃发，他的沉默则让人感到恐惧。"

新成立的德意志帝国包括 4 个王国：普鲁士、巴伐利亚、萨克森、符腾堡；6 个大公国：巴登、黑森、麦克伦堡—施威森、麦克伦堡—施特雷利茨、萨克森—魏玛和奥尔登堡；5 个公爵领地：不伦瑞克、萨

▼ 德意志帝国疆域图

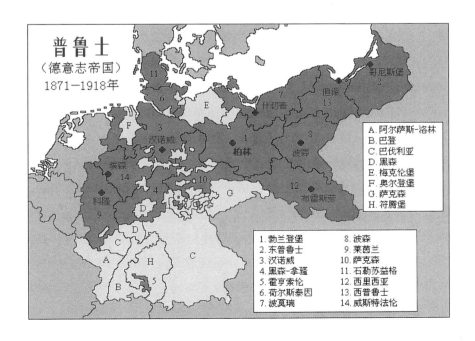

克森—迈宁根、萨克森—阿尔腾堡、萨克森—可堡（图林根城名）—哥达、安哈尔特；7 个侯爵领地：施瓦茨堡—鲁多斯塔特、施瓦茨堡—宗得斯豪申、瓦尔德克、罗伊斯（老系）、罗伊斯（新系）、绍姆堡—利珀、利珀；3 个自由市：吕贝克、不莱梅、汉堡；另有一个直辖地：阿尔萨斯—洛林。

说到阿尔萨斯—洛林这块德、法之间长期的心结，不得不谈谈普、法战争后停战和约的签订。作为一个冷酷而精明的政治家，俾斯麦是不会相信什么"两国人民世世代代友好下去"之类的鬼话的（这倒符合黑格尔的辩证法，无论如何，变是绝对的，不变是相对的）。俾斯麦深知高傲的法国人是一定要复仇的，所以希望通过和约尽量削弱法国的力量（一只野猫叫得再凶，也不必理睬，一头猛虎表现得再温驯，也可能伤人，对国家安全威胁的判定是基于对方的能力，而非意图，因为意图是难以捉摸的，也是可变的，今天不针对你，不代表明天不针对你，明天不针对你不代表永远不针对你。所谓《核不扩散条约》其实质就是对可能的威胁源的去能力化），延迟法国重整军备的时间。德、法战后签订的《法兰克福条约》规定法国要支付给德国 50 亿金法郎的赔款（1 金法郎含金量为 0.290 322 5 克，50 亿金法郎按当时的比价折合成白银约 10 亿两，赔款总额超过清政府所有对外赔款的总和），同时割让阿尔萨斯省的大部分与洛林省属下的摩泽尔省。1807 年拿破仑要普鲁士赔偿军费是按户口来计算的，这次俾斯麦是以上次普鲁士的赔款为基数加码计算的。

有评论认为割让阿尔萨斯与洛林破坏了法、德之间可能的和解，使德国始终要面对法国的报复战争，马克思的说法是："这不过是暂时停战而非永久和平！"但割让阿尔萨斯—洛林，俾斯麦有着非常现实的政治、军事考虑。诚然，他不喜欢法国人，但他喜欢过谁呀？他的目的是保护经过连番大战、流过无数鲜血建立起来的新德国。政治上，俾斯麦深知割地是件很冒险的事，他却强迫自己一定要割地。因为德意志只是完成了物理上的统一，还没有完成精神上的统一（在德意志历史上，以王朝为基础的分立主义根深蒂固，对王朝的忠诚一直是比民族认同更为牢固的纽带）。只有"一种公愤"才能使呆滞的民心激动起来，而战争中所获得的这块新德国共有的土地，将成为德意志统一的证物。俾斯麦的密友德布鲁克为此曾说过一句俏皮话："从帝国土地（阿尔萨斯—洛林）将生长出帝国（德意志帝国）来。"从军事角度，如果阿尔萨斯—洛林在法国手中，那么一旦发生法、德战争，这两个地区将成为法军的主要集结地，直接威胁德国的重要工业区——萨尔。而德国占领了这两个地区则控制了法、德边界的两个重要的军事要塞——斯特拉斯堡和梅斯，从而形成一道十分坚固的防线。在比利时和瑞士保持中立的情况下，法军试图进攻德国就只能在梅斯和孚日山脉之间的狭长地带上展开行动，而且还不得不面对由斯特拉斯堡、梅斯、科布伦茨和美因茨组成的"世界上最坚固、最巨大的四边形要塞区"（恩格斯语）。普、法战争期间，普军曾围攻梅斯的法军72天而无法攻克，最后是法军因解围无望自己投降的。俾斯麦曾对此解释说："我不要割去洛林，但军长们说梅斯是不能不要的，因为这个要塞代表12万人的价值。"

对奥地利宽大，是因为德国与奥地利之争是兄弟之争，属于人民内部矛盾，可以解决（而且奥地利这种民族成分复杂的拼盘国家，在当时民族主义情绪日益强烈的情况下，别说外战了，不爆发内战就已经是谢天谢地谢茜茜了，看过电影《茜茜公主》的，大概会对茜茜以皇后之尊去笼络争取匈牙利独立的安德拉西伯爵的场景留有印象）；对法国严厉，是因为德国与法国之争是欧洲大陆霸权之争，属于敌我矛盾，不可调和（对欧洲大陆霸权的向往使德、法战争的风险始终存在，绝不是不割地不赔款就可以一笑泯恩仇的，所以法、德真正和解要等到"二战"后德国放弃了称霸欧洲的梦想才可能实现）。

德国的统一对于欧洲来说，是一场地缘政治版图的革命：原本破碎的心脏地带被整合为一个强大的国家，使其由一个承受四方压力、列强争衡的场所，变为向四周扩展影响的重要权力中心。近两百年以来，巴黎一直都是欧洲政治的中心，现在却被柏林取而代之。用当时的一句妙语来说，"欧洲失去了一个主妇，却得到了一个主人"。

新帝国的政治架构体现了俾斯麦的想法，它既不是纯粹独裁式的，也不是君主立宪式的，然而这两种成分，新帝国却都具备。新王朝是类似美国的联邦制，1866年制定的北德意志联盟的宪法，其实就是帝国宪法的雏形。俾斯麦研究过美国宪法，美国是18世纪末期的各个君权制度统治下的各州组合到一起的，而德意志帝国在名义上也是君权统治下的各邦国组建在一起的。当然，其中的不同点要多于相同点。美国各州是以自愿原则组成联邦的，是通过大会表决和无限期的辩论解决争端的。而德意志各邦国是靠着普鲁士军队把他们驱赶到一起的，而制定的宪法是出自俾斯麦一人之手。美国没有哪一个州能够取得压倒性的优势力量，而在德国，普鲁士的领土和人口都占全国的三分之二以及几乎所有的工业企业；在军队中，21名士兵中有18人来自普鲁士，不仅柏林自然而然地成为新帝国的首都，连普鲁士的宰相也顺理成章地出任帝国宰相，不同于此的其他安排都是不可想象的。

俾斯麦的宪法则规定了政府的三个分支，行政机构（通常是作为德国人皇帝的普鲁士国王负责）、联邦参议院（帝国上院）和联邦议会（帝国下院）。其中上院是俾斯麦为联邦制和德意志王侯做出的一种姿态，名义上帝国是由25个邦国所组成，很多邦国有自己的政府，其中各邦国之间还可互派大使，更有甚者，一些邦国还向其他国家派驻使节。按宪法上讲，这些邦国的民众不必向威廉皇帝效忠。就如一位符腾堡的政治家所说："这个皇帝不是我的君主，他只是我们联邦军队的总司令，我的君主是在斯图加特。"各位王侯作为下属，不是向皇帝，而是向上院负责，德意志各邦国都向上院派驻代表，每名代表都代表自己的邦国来投票，参议院有58名议员，其中17人来自普鲁士，

6人来自巴伐利亚,萨克森和符腾堡各有4名代表。对于帝国宪法来说,任何想有所改变的可能都不会发生。如果那14名代表对帝国的体制提出质疑的话,全体17名普鲁士代表永远都会对宪法相关内容投赞成票,这就能确保帝国在体制上永远不会发生改变。

帝国的联邦下院,是代表帝国政府民主政治的一部分,是全体成年男子经普选组成的,也体现了民主政治的演变历程。当时,这种情形在一般的欧洲国家都没有,甚至在英国也没有,但它居然获得了德国政府的认可。这种制度在德国的出现,使很多人对德国的政治制度有了不同的看法,但德国社会民主党人威廉·李卜克内西却一针见血地将下院嘲讽为"专制主义的遮羞布"。尽管下院能够对联邦预算等进行表决,而且所有的立法必须经下院表决通过才能有效,但该制度对下院的限制也有很多,这就大大削弱了它的地位。例如,下院不能参与立法,当皇帝任命宰相和帝国大臣、或将其解职时,下院也无权提出异议,而且皇帝(或者实际上说是宰相)只需经过上院的同意,即可随意地解散下院。

而皇帝是负责组织管理政府的,德国皇帝不是古代意义上那些享有特权的君王,他只具备宪法所授予他的权力,在帝国宪法第六章中提道:"主持这个联邦的责任属于普鲁士国王,他因拥有该权力被尊称为德国人的皇帝。"然而,皇帝拥有几项特别重要的权力,他个人掌握着武装力量,帝国军队中军官的任命或升迁全凭他的意愿,他还有任命(或解职)所有帝国大臣,包括宰相的权力。

但政府中更不寻常的机构则是宰相办公厅,这是俾斯麦为其本人精心设计的管理部门,宰相是由皇帝任命,完全独立于两院之外的,他的任职完全取决于皇帝的意愿与喜好。帝国的外交政策和国防大事是分开管理的,由宰相而不是皇帝负责德国的外交政策,但军队则直接听命于皇帝,军队的所有军令,包括对外开战,均属于皇帝,而且命令条文不必宰相在文件后副署签字。帝国的高级管理机构(包括外交国务、财政、海军、内务和教育等国务秘书），都是宰相的下属，在皇帝同意的情况下，由宰相任命或解职，政府的形式不是内阁制。与英国和美国都不一样，既不同于英国的集体负责制，也不同于美国政府那样定期召开会议商议国事。德意志帝国体制上的最大的缺点在于它过于依赖个人的天才为国家大事决策，这是适合于俾斯麦和威廉一世的办事风格的，宰相成为帝国最有势力的人，但从本质上讲，宰相必须获得皇帝的绝对支持和信任，如果换个时代，换另外的人，一个不安分的、野心勃勃的皇帝和一个性格懦弱的、不敢做主的宰相，那么宰相的作用就注定要逐渐被蚕食了。

在俾斯麦惊人灵巧的安排下，1870 年以后的整整 20 年中，欧洲的大国体制将被德意志所支配；外交家们注意到，这时条条道路通向柏林。而统一的德国爆发出惊人的力量。尽管历史学家都承认，这个德国基本上就是普鲁士王国的扩大。但两者在实力上却不可同日而语：普鲁士只是个军事强国，德国却是一个在各方面都足以引起欧洲列强不安的大国。统一以后，它的面积增加了一倍，人口也从 1 930 万增加到 3 460 万。更重要的是，统一促进了经济的高速发展，一位历史学家指出："1871 年以后，德国工业以巨人般的步伐前进，使欧洲其他所有的经济，包括英国的经济都落后了。"

在 1890 年俾斯麦离开首相职位时，德国已经是欧洲大陆最强大的国家，煤、铁、钢的产量超过了法、奥、俄三国的总和，陆军实力更是独步天下。

那么，德国的统一进程又将带给我们怎样的启示与思考呢？

第六章

启示与思考

生产力的作用

尽管很老套，但还是要说，在德国漫长的统一进程中，起最根本作用的，是社会的生产力水平。生产力在其不同的阶段内受到地理环境不同程度的影响，作为一个根本作用，对德国进行影响。

在生产力发展水平较低时期，人们面临的首先是如何生存的问题。说到生存力，就不得不说一说大家耳熟能详的所谓小农经济的封闭性对国家统一的维护这一种说法。正如一个硬币的两面，小农经济对国家统一的影响具有双重性。既有维护统一的一面，也有导致分裂的一面，欧洲就是这方面的例子。

由于种群的不同，欧洲并没有可供耕作的牛，只有供食用的肉牛，因而欧洲的农民仅可以用马匹和少量的驴来进行耕作。所以欧洲的农业，相对来说，其起始成本与中国相比，相当的高。这就意味着，欧洲自耕农的数量会大大低于中国的数量。而且欧洲的土壤非常适合牧草的生长却并不适合水稻的生产，即使对种植小麦来说，也不是很有利，反而对于种植橄榄、葡萄之类的经济作物非常合适。而经济作物有对大规模生产的要求，也就不可能出现小规模的小农经济去主攻经济作物。当然，经济作物的广泛种植，也为后来资本主义的发展埋下了伏笔。综上所述，欧洲很难出现精耕细作的农业，因而其早期阶段的农业成本相当高。农业成本高，导致农民的生存环境比较恶劣，大多数的农民都要被迫依附于地主，还不仅仅是中国式的土地上的依附，甚至很多农民在生产资料上也不能自主。这就导致了地方豪强地主性质的统治，可以拥有一个较好的发展基础。

反观中国，尽管在封建社会的发展达到一定程度之后，地方豪强也对中央集权造成极大冲击，但是由于其根本上的基础软弱以及皇权对地方的打压策略的实施，因而中国境内的地方势力并未像欧洲如此强悍，也就总体上保持了统一的局面。而欧洲的地主，由于农民的极大的依附性，从而有了较好的经济基础，也就有了诸侯割据的一个良好基础。因而，西方的小农经济的封闭性，由于其对地方势力的极大依附性，成为了地方分裂的有利因素，是为欧洲庄园式经济的滥觞（这种庄园式的经济，让庄园主俨然成了土霸王，因而当时欧洲的封建主们大多反对一个统一的帝国）。

而在中国，小农经济的封闭性则成为了维护国家统一的有力武器，正所谓差之毫厘，谬之千里。在开始阶段的微小差别，在历史发展的长河中却让东西方渐行渐远。对于中国而言，中国的封建君王借助地方势力相对薄弱的优势，在秦统一之后，很明智地实行郡县制，并且由于春秋战国时，士阶层的兴起，导致政治权力向下层贵族倾斜。而且中国后来的科举制的实施，也让地主子弟以读书中举为习，就是在诵读儒家经典的过程中，中国的地主们逐渐地文人化，乡绅化，变得软绵绵的。而且由于封建集权的成熟，中国的思想也渐渐走向统一化和维护集权化（主要是董仲舒的贡献）。

与此相比，欧洲的情况呢？首先由于日耳曼民族的长期军事特性和欧洲多年的战乱，导致了整个欧洲的贵族和地主们，都以军事为己任。这一方面让欧洲的地主庄园拥有了农兵兼备的生产力量，为诸侯的争霸提供了可能性，同时连年的战乱和欧洲地理生存环境的恶劣

（早期尤甚），导致在欧洲的底层贵族中，强盗掠夺的行为非常普遍（实际上大贵族们、国王们的战争何尝不如此？）。农民在战乱劫掠之中更加贫困，也就不得不更深层次地依附于封建主。而且在地方势力的互相竞争中，不断地洗牌，最后形成了欧洲长期尾大不掉的地方割据力量。同时欧洲的所谓适者生存的信仰和对直接上级的依赖思维，也加剧了这种情况。

但是，在欧洲的国家中后来也不乏中央集权的国家，那么为什么德国如此特殊，长期处于分裂状态？这就要讨论地理环境的问题了。

尽管生产力决定了社会的形态，但是在地理环境的作用之下，还是会催生出各种各样的国家。

那么先大体讨论一下欧洲的地理形势。欧洲由于其地理环境的残酷，特别是其北部，生存艰难，使得北方民族抢掠的习性非常大（比如著名的维京海盗），而这就导致了欧洲部分民族的好战性（特别是日耳曼人），从而成为欧洲持续战乱的一个重要因素。而在长期战乱中，不说是形成了军国主义一统天下的局面，至少在军队里，士兵对其直接长官的依赖程度非常大，所谓县官不如现管嘛，所以，欧洲那句经典描述"国王附庸的附庸不是国王的附庸"，具有极大的市场。同时，由于欧洲内部多河流，相对来说地形支离破碎，这在生产力水平低的时候，会对各地之间的交流造成极大的阻碍。在这些地方，哪怕两个部落挨得很近，也只能隔河相望，看水欲穿。所以，这个因素在早期的时候，就阻碍了大型民族的形成，也让民族内部之间的联系相对薄弱。

事实证明，温室效应并不是工业文明的特产，在早期欧洲，即使是在德国南部的黑森这种相对低纬度的地区，气温也相当寒冷，并没有如今欧洲海洋性气候的好天气（这就更加加大了农业的成本）。而欧洲南部，特别是地中海沿岸，气候较温暖，居民多事农耕，拥有大量的社会财富。所以，对于那些生活在寒冷环境中的北方山地民族而言，最好的生存方式不是蜷缩在帐篷里，靠打猎谋生，而是——抢劫。既然如此，对于北方的日耳曼民族而言，谁会喜欢去种田呢？所以那种军事化极高的生活就在他们的习性中扎下根来。另一方面，欧洲的地理环境非常开放，不像中国有个喜马拉雅，即使有山脉也围不住，河流的短小平缓更是加大了这种开放性。那么，多民族的文化交流势不可挡，而德意志地处欧洲中部的十字走廊，受到的影响就更加的严重……呜呼哀哉，本来就处在一个容易造就分裂的地区——欧洲，德意志民族还摊上这么个"好地方"。

和法兰西不同，法国借助了巴黎盆地鹤立鸡群般的地理优势，而在法兰西的土地上形成了一个相对比较强大的政治力量中心。但是截然相反的，德国，由于南北两方相对差异较大，形成了南北两个政治力量中心（这也直接导致了后来的普、奥二元制）。所以，在同样的时代，面对罗马人，法国的高卢同胞，可以组织类似国家规模的抵抗，而德意志的日耳曼民族却仅能形成以部落为单位的游击战争。而且由于德国内部缺乏高大的山脉，尤其是北部，因而北冰洋的寒风经常光顾，造成德国北方的气温异常寒冷。而阿尔卑斯山脉等屏障则在严寒之中略略地挽救了一下德意志的南部地区。另外，德意志的中部和北部广袤的森林，在当时起到了极其强大的吸收二氧化碳的效应，这就加重了德意志北部的寒冷。同时森林的效应让德意志北部的土壤相对贫瘠。严寒的环境，让当时的生存竞争极其激烈，有限的环境承载力也消除了大型部落存在的可能性。由于以部落为单位进行生存，使得各部落的排外意识非常强，排除了各民族之间的大规模交流，形成了圈地盘般的生存方式，这就为后来德意志诸侯分裂的情况奠定了基础。

同时，由于当地的生存条件极其低下，所以唯一的融合道路——战争，并不像十字军东征那样带来屠杀的同时也带来了文化的交流和传播，带来的反而是部落之间的奴役和更深的仇恨。如此，就为德意志的日耳曼民族在早期埋下了极大的分裂因子。同时，由于南部地理条件的优越，德意志的南北分化大大加剧，形成北方采集、南方农耕的格局，也导致了南北间的对抗性非常之大（北方的采集，意味着掠夺和抢劫成为习惯，就像中国古代，中原王朝少有和北方游牧民族建立长期友好关系的，谁会喜欢养个强盗呢？）。

在地理环境影响导致的生产力差异下，打下了德意志分裂的基础。北部，由于其生存环境的恶劣导致了难以形成一个相对统一的政权，而南部也没办法形成一个统一的国家（除了小农经济的封闭影响，由于该地区长期受罗马的控制，深受罗马、希腊的思想文化影响，因而比较贪图安逸，庄园主大多安土重迁，哪怕是其中流动性较强的汪达尔人也是非常"文静"，因而社会对战争的抵抗意识非常强）。

在生产力长足发展之后，特别是资本主义的出现，使生产力已经强大到可以克服地理环境的影响。资本主义发展到一定的程度后（必须说资本主义比较弱小的时候，由于早期工商业主大多依赖奢侈品的销售为生，这就必然让他们依附于贵族和诸侯，同时，诸侯对战争经费的需要，也会给资产阶级相当大的支持，所以在这个时候，资产阶级还是倾向于维护分裂的现状，但是我们可以看到，随着地理大发现，资本主义在欧洲沿海地区发展并且成为社会的主导潮流已经成为一个不可逆的趋势。而资本和商品的逐利性必然决定了资本主义的扩散，而且尽管资本主义在早期阶段在统一问题上相当的反动，但是随着生产力的发展，资本主义必然会结束其早期阶段，而且德意志两河（莱茵河、易北河）的影响为商业的发展提供了极大的机遇，必然会追求一个更大的市场以倾销商品，而统一国家内部的无关税的市场是一个极大的诱惑。与此同时，社会化大生产需要数量庞大的劳动力，如果国家分裂，诸侯们老是东征西伐，谁来为资本家打工呢？

而且资本主义发展到当时的程度之后，催生了民族主义和自由主义。自由主义以其反封建的特质大大削弱了维护分裂的重要力量——封建专制力量，同时，对待资本主义的不同态度引起国力上的分化，让分裂的最大维护人——封建的奥地利退出了争夺的舞台，让军国主义的普鲁士成功地领导了德意志的统一。

由三十年战争中列强撕碎德意志到俾斯麦合纵连横打造出统一的孵化场，我们可以看出，外国势力的干涉，并不是妨碍一个国家统一的必然因素。也就是说，尽管欧洲十字走廊的地位让德意志承受了十分尴尬的位置，必须要在夹缝中求生存，但是，它也可以利用列强的争斗来为自己寻求利益，最终俾斯麦也是通过巧妙地利用列强之间的相互制衡达成的统一。更重要的是，即使没有爆发克里米亚战争，即使没有法国的愚蠢和失策，德意志也会迎来统一，因为关键的要素已经到来，这就是生产力发展导致的生产关系的改变。

▼ 柏林的勃兰登堡门

生产力的发展，让封建堡垒也挡不住资本主义的萌芽。而资本主义在欧洲大陆的出现，也必定意味着它会将自己的生产方式输出——输出革命。所以在那个时代，即使没有良好的地理条件让勃兰登堡脱颖而出，大力推行重商主义，即使没有拿破仑的关键性的改革，资本主义也必将在德意志的土地上生根发芽（因为没有普鲁士，会有其他邦国，没有拿破仑的改革，会有其他国家来输出革命，一句话，资本主义的普及和发展是必然的趋势，只是时间早晚而已）。而资本主义本身的特质，是对利润的无限制追求，而这就必然要扩大商品的生产——要求一个统一的国家市场。所以资本主义，当它发展到一定程度，当它成熟到毫不遮掩和毫无顾忌地追求自己的利益，当一个小小的邦国没办法满足它对市场的需求时，它就必然会努力推动德意志的统一。同时资本主义的发展必然带来工业革命，我们可以看到，在蒸汽机车的轰隆声中，德意志各地的经济联系不断加强，这就为德意志政治上的统一注入了极大的活力。从前日耳曼民族由于风俗、语言等造成的隔阂，各邦国由于地域、文化造成的差异，都会在越来越紧密的经济联系中变得无足轻重，只有利益永恒。而对共同经济利益的追求，让德意志的统一成为了可能。正如今天全球采购、全球生产、全球销售的模式推动全球经济一体化一样，生产力发展对历史的推动是不以人的意志为转移的。

这是生产力发展的必然结果，但是时候到没到，却是取决于人们的具体做法。凭借着军国主义的传统和对容克扩充土地的欲望的利用，普鲁士很早就建立了中央集权，而不是法国那种借助资产阶级和大贵族之间的矛盾建立起来的绝对君主制。然而由于德意志资本主义发展缓慢，普鲁士早期的君主们对军国主义的利用大大加速了德意志统一的进程，因为在这些分散的邦国中，终于出现了集权国家。不得不承认，军国主义也有它的好处，利用发展军工带动经济发展，利用国家干预促进经济发展和带动工业前进。对于一个孱弱的邦国来说，军国主义带来了强大的军事力量，集权主义——李斯特的国家政治经济体系理论，也极大地促进了普鲁士的发展，为德意志二元制的成熟做出了重大的贡献。

因为德意志特殊地理位置的限制，维护均势体系就必然要在中欧形成一个牵制格局，而普、奥二元制就解决了这个问题，顺带也解决了民族问题（由此说明，国外力量的干涉和民族问题并不是阻止统一的必然因素，而是一个可以解决的、带有偶然性的因素）。

具体到由谁来实施统一。奥地利是个跨民族的帝国，在与奥斯曼土耳其的对抗和对意大利、巴尔干的经营中变得更是如此。哈布斯堡王朝本来就非德意志民族，倘若要主持德国统一，建立一个民族国家，就必然意味着将奥地利帝国肢解，只有傻瓜才会这样做。而且哈布斯堡王朝的历史包袱很重，封建势力，尤其是贵族势力过于强大，固步自封，就如个垂垂老矣的人，怎么能和新生的普鲁士相比呢？

所以我们可以看到，奥地利统一德意志的可能在当时是不大的（特别是欧洲处于强烈的民族主义氛围之下），而唯有俾斯麦的小德意志统一方案，能在列强对欧洲均势体系的维护中勉强生存，最终为德意志带来了久违的统一。

外交的胜利

德国统一后，大众传媒倾向于把统一单纯地归结为战争胜利的结果，为铁血政策欢呼，而对俾斯麦必不可少的外交运作与适可而止的自我克制视而不见。其实，如果仅仅靠铁和血就能统一国家，德国早在腓特烈大帝的时代就应该统一了。德国统一的关键因素在于外交而不是战争。

19 世纪初的欧洲大陆被拿破仑的辉煌战绩所震撼。拿破仑的政策及其失败产生了两个影响深远的结果：一是"神圣同盟"的建立，这是"均势"思想的起源。一时之间，各国的君主联合起来，在国内与国外都推行一种"保守主义"政策，也即是说要求在国内和国外都维持现状的连续性，就其原则来说，德国的统一是一定要冒着触犯这一"同盟"的危险的，这正是俾斯麦必须面对的最大困难。二是对德国未来统一影响最大的"莱茵联邦"及德意志联邦的成立。"莱茵联邦"是拿破仑政策的结果，在拿破仑失败之后当然被解散，但它的成果却留下来了，它既缩小了又扩大了德国的"小邦分立主义"。说它缩小是因为它取消了二百多个小邦国，说它扩大是因为它加强了中等邦国，使它们后来有更大的力量来坚持独立性。德意志联邦则是在拿破仑失败之后在英、俄、奥主导下成立的，实际上是对德意志诸邦的"看管政策"，就其组织方法和原则来说是不可能产生什么有助于德国统一的积极措施的。而奥地利之所以热心于组织这样的一个联邦，是因为它愈来愈把精力放在管理自己境内的少数民族上，同时也不愿意在西面出现一个强国。

从 1862 年俾斯麦就任首相起，他的政策在实际上就是"对外实行革命，对内实行自由主义"。他在普、奥战争之后废除了几个小邦的君主，建立了北德意志联邦，这正是"波拿巴主义"的再现，是对欧洲秩序的一场革命。而他在普、奥战争胜利之后又在国内与自由派和解，提出所谓"追认"法案，承认了议会的预算批准权，在北德意志联邦的宪法中确认进行普遍、平等和直接的选举。因此，正像恩格斯说过的："俾斯麦直到 1871 年都不是保守的。"回过头来看，俾斯麦做到这一切真是神奇，因为他居然是披着王党的外衣来进行的，而直到他在科尼希格雷茨决定性地击败奥地利之后，各国才意识到实际上发生了一场革命。俾斯麦不惜欺骗一切人，不惜挑起纠纷，但他要达到的目标却是建设性的。他的成果是持久的，而他所制造的缺陷也要经过很多代人去克服。

德国处于欧洲"中心和无屏障的地理位置，国防线伸向四面八方，反德联盟很容易形成"（俾斯麦语），战略位置上属于"四战之地"。对于俾斯麦而言，德国被包围的战略态势并不是在未来的世界大战中体现，其实早在1756~1763年的七年战争中就已经体现出来了。当时主要参战国英、普两国对垒法、奥、俄三国，对于普鲁士来讲无疑是一场空前的赌博，以它当时的弹丸之地对抗3个欧洲列强显然是不切实际的，更何况是被敌人从东、南、西三个方向包围，然而这场战争普鲁士却奇迹般地胜利了。大多数评论认为，普鲁士的胜利是基于英国军队在海外殖民地击败法国以及腓特烈大帝出色的军事指挥。实际上，如前文所述，俄国女沙皇的突然离世，与腓特烈关系友好的新沙皇彼得三世登基后便停止军事进攻，更反过来支持普军这一纯粹的偶然事件才是普鲁士翻盘的关键因素。这段历史让俾斯麦认识到"远水救不了近火"的道理。地处中欧的德国与"大陆型"国家结为同盟比与"海洋型"国家结盟更有保障，这也就不难解释俾斯麦在三次王朝战争中的结盟战略。俾斯麦要确保每次战争只面对一个对手，绝不能重蹈与多个列强为敌的覆辙。所以，我们看到每一次战争普鲁士都是以多打少，孤立对手，壮大自己。普、丹战争与奥地利结盟共同对付丹麦，普、奥战争与意大利结盟共同对付奥地利，普、法战争把亲法的南德诸邦争取到自己一边共同对付法国。

对于俾斯麦而言，外交家的任务不只是国家间单纯的讨价还价，懂得遵循"游戏规则"才是关键。其中一个重要的分水岭发生在1848年欧洲革命。在中世纪的欧洲，维系国家关系的基点建立在宗教信仰上，国家冲突的化解一般以教皇的出面干预而结束。随着教权的衰落，到了三十年战争时期，民族国家意识崛起，但君主制的强化使得国家利益成为君主的附属品，各国君主的联姻促使各国关系的维持是建立在血缘宗亲上的。然而到了工业革命时期，阶级变化带来的民主运动冲击着欧洲封建君主体制，尤其是席卷大半个欧洲的 1848 年革命，虽然革命最后失败，但它基本瓦解了君主制在欧洲的绝对统治。此时俾斯麦意识到，旧有的血缘宗亲的外交架构已经瓦解，国家利益的考量才是新时期外交的新准则，神圣同盟的瓦解就是一个例子，而国家利益考量成为日后俾斯麦执行外交斡旋时最有效的利器。

关于俾斯麦的外交路线规划，有两本影响整个维多利亚时代的历史巨著需要讲明——《战争论》与《物种起源》。《战争论》中关于"战争是政治的继续"论点以及《物种起源》所带来的"沙文主义"影响促使当时的列强走上一条急速扩张的主流道路，而这种主流思潮的深化使得俾斯麦更多会选择用战

▼ 德意志的统一
战争

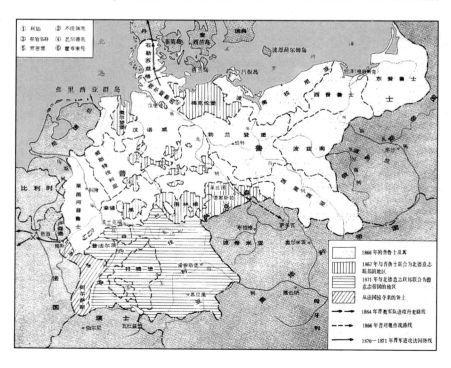

争的强力手段达成政治目的。这里要说明的是，尽管在首相任内进行了三次战争，但俾斯麦本人并不是战争狂人，他从未赞美过战争，只说战争是件残酷的事情。他目睹过硝烟弥漫的战场，尤其是见过挤满伤员的医院，这使他对于战争更为审慎。毛奇就听俾斯麦说过，只有当触及与人民生存攸关的问题时，战争才是合理的。

与当年宋太祖先南后北的统一方针不同的是，这次俾斯麦选用先北后南的方针，原因在于避免"后院起火"。在普、丹战争中，为免去后顾之忧，俾斯麦用丹麦所占领的荷尔斯坦因地区换取奥地利的军事支持，同时在此之前为避免俄国染指北欧地区，普鲁士在克里米亚战争中保持中立以换取俄国在普鲁士统一战争中保持沉默。当俾斯麦取得了对丹麦的胜利时，随即展开对奥地利的军事打击，在1866年取得科尼希格雷茨会战胜利后并没有乘胜追击，而是与奥地利展开和谈，迫使奥地利宣布退出德意志联邦。而俾斯麦的用意在于避免未来在对法战争中，法国拉拢奥地利夹击普鲁士，重蹈七年战争的危险境地。倘若当时普鲁士吞并了奥地利，不仅是法国，其他大国也一定坐不住。因为德意志的特殊地理位置，均势战略必然要求在中欧形成一个牵制格局。如果一家独大，就会破坏欧洲的战略平衡。这点在"一战"中也可以体现，当德、奥结成联盟，大战就箭在弦上了。

英国、俄国可以容忍普鲁士统一德意志地区，但是绝对不会容忍奥地利并入德国（而俾斯麦的外交重点之一就是尽力避免刺激俄国。普、奥战争结束不久，他就派出外交使团到俄国，宣称普鲁士将会支持沙俄反对克里米亚战争中签订的《巴黎和约》，恢复黑海舰队，同时将沙俄的注意力引向巴尔干，驱虎入邻，借此挑起英、法和沙俄之间的矛盾，破坏法、俄联盟的可能性，也换取了沙俄的中立态度）。因为整个奥地利并入德国就意味着俄国将大大弱于德国，欧洲力量的天平将失去平衡，欧洲大陆将没有可以制约德国的国家，这也是英国的大陆政策不允许的。俾斯麦在1866年底对议会的演说中就指出了这种危险:"惟有一个与奥地利分离的德意志才能减少发生仇视关系的概率。"

俾斯麦是维也纳体系的破坏者,但也是维也纳精神的维护者。正是因为俾斯麦小心翼翼地不去触碰欧洲均势格局的底线,才能在三次王朝统一战争中一举获胜。从中可以看出,俾斯麦合纵连横策略的顺利实施其实恰好说明利益主导外交的新规则如何让普鲁士在被包围的战略态势上实现逆转。

一个新德国是如此强大,它有充沛人口的支持,有科学与知识的装备,为战争而组织起来,因胜利而获得崇高地位。俾斯麦深深地意识到一个强大到令人侧目又不知节制的国家是危险的,在欧洲的历史上,充满着此类前车之鉴,例如,路易十四和拿破仑的法国都遭到全欧洲的围攻。他保守的意识形态反而使他能意识到国际关系中一条稳定的规律,而不至于被新时代的风潮所迷惑。德国统一后俾斯麦就很清楚德国已经不需要战争了(在这一点上,与俾斯麦向来不睦的毛奇有着同样的看法),"要满意于享受你们所得到的,不要贪得你们所未得的。"他希望新缔造的德意志帝国享有和平,不想与任何其他国家起冲突。他公开宣称德国统一后已饱和,不再有更多领土的野心,以此向俄罗斯保证德国对巴尔干没有兴趣。

在 1875 年调解巴尔干争端的柏林会议上(俾斯麦曾经千方百计想要逃避做俄国和奥匈帝国调解人的角色,但未成功),俾斯麦称自己是"诚实的经纪人",几乎每次发言时开场白都是同样的一句话:"德国在东欧问题上没有任何直接的利益。"对于英国,他极力不在欧陆做出任何会引起英国对均势产生忧虑的行动,并且退出殖民地竞争。曾有人建议德国走殖民主义路线,他答以:"俄罗斯在此,法国在此,我国夹在中间。余之非洲地图便是如此。"

俾斯麦也清醒地认识到,欧洲大陆任何一国与他国的冲突都有可能把德国牵涉其中,使之不得不反对一方,从而为法国提供盟友。因

不仅是铁血
德意志帝国统一启示录

此他用一系列错综复杂的政治联盟把许多利益相冲突的国家包含在内，德国居中调解，力图维持欧洲的秩序和稳定。在当代，有学者盛赞俾斯麦是和平缔造者，原因就在于此。

如果说外交是一门艺术，那么俾斯麦就是一位艺术大师。他从不把弓拉得太满，总是给自己留有余地。他从不妄自菲薄，也绝不心存幻想。他只在乎可能之事，绝不在乎可欲之事。在追求德意志统一的过程中，俾斯麦尽量使普鲁士处于中立的地位，不在欧洲列强的角逐中选边站。当德国因统一后的强大而日益变成矛盾中心时，为了不至于遭受攻击，他开始寻求联盟。因为弱小所以要中立（两不得罪，待价而沽），因为强大所以要联盟（让对手畏惧，让朋友信服）。但正如俾斯麦的好友罗恩给他写下的评语，"无人得以不朽而勿需付出代价。"

俾斯麦一生的成就，基辛格曾经这样评价：很少有人像他那样创造历史。的确，如果没有俾斯麦，固然难有统一的德国，而世界历史则肯定不会像我们现在所了解的这样。但是，他所创造的帝国却是一个没有精神的帝国，因为他的创造者本就是蔑视一切、怀疑一切的，他不过借助现有的形式来实现自己的创造的意志而已。他所建立的制度本就是由他一人大权独揽的，所以在他之后便迅速衰落。他所建立的功绩本是依靠他对于形势的巧妙利用，而他所运用的工具——军队，却已经变得过于强大。当他在位的时候，还能够与军队抗衡，而奉行一种自制的政策，从而维持欧洲的和平达三十年，当他离开之后，已经没有人能继承他的政治艺术，德国政治所剩下的就只有实力主义了。他在欧洲中部缔造了一个强国，但由此引起的问题，他却没有留下解决的办法，第二次世界大战的悲剧也许部分地起源于他所完成的事业。俾斯麦的外交能力过于出众，而他的性格又过于专断（在德国，他没有朋友或同事，只有下属，他在外交事务中的助手弗里德里希·冯·荷尔斯坦因曾说过，俾斯麦待人"不像是朋友，只能是用具，就如同晚饭时用的刀叉一样，而且每个时段的作用还不一样），使得他的继任者根本无法理解他复杂的外交思路，更无力去实施，而他又没有在任内构建一个合理的决策体制和权力架构。结果德意志帝国这艘在组织上与制度上都缺乏准备而又实力强大、野心勃勃的巨轮，在失去了俾斯麦这个领航员后就一头撞向了冰山。

美国外交家基辛格对此的评价可谓中肯："俾斯麦对依据自己的判断行事信心十足。他对基本的现实及普鲁士机会何在，分析得十分透彻。由于他了不起的建树，使得他所缔造的德国经历了两次世界大战的失败，两度遭外国占领及国家分裂达两个世代之久，却仍巍然屹立。但他的失策之处在于，他把德国社会建构成务必每一代都要出一位能人，才能继续他所留下的传统。可惜这很难办到，而且德国的专制政体也不利于此。就这一点而言，俾斯麦不仅种下德国成功的种子，也埋下了德国 20 世纪的悲剧伏笔。"

民族主义的双刃剑

说起德国的统一就不能不提德意志民族意识的觉醒与 19 世纪欧洲民族主义的兴起。

构成现代世界有三种动力：民族主义、人文精神、资本主义。正如物理学家在探询宇宙起源时知道在宇宙刚开始的时候只存在一种力，随着宇宙的进一步膨胀这种力被分裂成好几种不同的力，正是在这些不同的力的作用下，才形成了现代宇宙的面貌。现代世界的形成过程也是一样的，在社会交往和技术能力突破小小的疆域之后，这种原始的力就分裂成民族主义、人文精神、资本主义三种动力，而这三种动力又互相缠绕在一起，每一种动力都以其他动力为前提条件。例如，民族主义可以对应为现代世界的抽象化和一元化发展所带来的后果，同时也不得不看到无政府逻辑下肯尼斯·华尔兹所谓"社会化"对它的塑造，同时没有人文精神的发展，也谈不到什么民族主义的出现。

正是由于这样的相互缠绕，才使得民族和民族主义的内涵模糊不清。因此，学者们发现，给民族和民族主义下一个明确的定义是困难的。民族是什么？英国政治社会学家白芝浩说："若你不曾问起民族的意义如何，我们会认为我们早已知道答案，但是实际上我们很难解释清楚到底民族是什么，也很难给它一个简单的定义。"正如其所言，学术界对民族仍未得出一个共同认可的定义，这些对民族渊源的不同诉说导致了对民族和民族主义不同的评价。安德森说民族是一个想象的共同体，此说可能最为公允。很显然，仅仅对这个共同体的认同和推崇并不能构成民族主义的内涵，我们同样认同我们的家庭和对它保有超越其他家庭的忠诚，却没有什么家庭主义。

但民族主义至少包含了两项内容：民族与个人之间的关系；民族应该具有什么样的价值。从这两项入手，弄清楚是谁在需要民族，他们要达到什么样的目的则有助于我们了解民族主义的内涵与实质。

从不同的视角看民族主义是不同的。

知识精英的视角：

在民族概念提出的早期，民族和民权是联系在一起的。奥地利经济学家米赛斯提道，"民族性原则最初并不是指向其他民族的利剑，它是针对暴君的。"哈耶克说，"个人自由的倡导者都同情上述民族自由的诉求，而且正是这种同情，导致 19 世纪的自由运动与民族运动之间形成持续的联合。"

知识分子利用大众对所在社会的自然热爱，塑造了这样一种想象：他们将民族看作是犹如家庭一样的命运相同的社群，这个社群的成员享受着不偏不倚的保护。早期的欧洲知识分子认为，强调每一个人作为民族的一份子，就在理念上给予了人人平等的地位，破坏了原有等级制度下的尊卑观念，集合原来被分割的大众，知识精英通过把民族列为最高价值来反对国王统治的最高价值，从本国或外国君主手中争取自由。民权和民族之间的关系也可以叙述为"没有人民主权在先，没有对统治者、被统治者、阶级与集团地位的一种全面和彻底的重新修订，民族主义是不可想象的。"

在此时，民族被视为用来促进其他价值的载体，例如，科学、文明和民权。举例来说，19世纪中期以前，欧洲的思想家普遍认为民族独立应该有两项限制：

第一是门槛原则，即民族必须拥有足供发展的幅员，若其领土小于一定的门槛限制，这个民族就不具历史合法性。由于这项原则，民族独立要附属于上述价值。正是因为这种想法，意大利独立领导人马志尼才反对爱尔兰独立，看起来虽然自我矛盾，其实是有其内在的逻辑的。另外一个与之相通的原则是扩张原则。民族的建立被认为是一种逐步扩张的过程。在普世的个人权利得到尊重的情况下，所有的人类群体应该相亲如一家，在事实上也应该成为一家。这个原则被表明为，"如果民族原则是用来把散居的群体结合成一个民族，那么它是合法的，但若是用来分裂既存的国家，就会被视为非法。"

我们可以看出，此时的民族主义必然是手段性和工具性的。

但是由于民族主义内涵之中自然包含了对民族作为最高价值的存在的肯定，这样就在自由主义式的民族主义上有个天然的缺口，民族和民权最终无法有机融合为一体。哈耶克指出："尽管欲求个人自由与欲求个人所属之群体的自由，所依据的情感和情绪往往是相似的，但我们人有必要明确区分这两种概念。"将集体自由同个人自由混为一谈的结果是，为了追求个人自由而将集体自由奉为最高价值。这种理论上的推导最终使某些知识分子把民族本身看作是追求的终极价值，把民族本身作为追求的最终对象。德意志浪漫主义显然就是最好的例子。在他们看来，"民族是一种自然的、有机的组织和发展起来的共同体，它是和谐的、是没有个体和共同体之间冲突的共同体。"德国哲学家赫尔德认为民族特性是具有无限价值的东西，爱尔兰政治理论家柏克曾断言，个人是愚蠢的而种群是明智的，德国哲学家费希特则宣称，个人必须被消灭，必须被融合、升华进种群中。

普通大众的视角：

对民族的尊崇和认同必须得到普通大众的肯定。对于19世纪末和20世纪中期以来的欧洲国家和非欧洲国家而言，它们的民众都面临着同样的问题，即现代化冲击着旧有的群体结构和信念。"人们所习惯的真正群落，如村庄和家族、教区、行会、会社等，因为显然不能再像以前那样涵盖他们生活中大多数可能发生的事情，因此走向式微。随着他们的式微，他们的成员感到需要以别的东西来取代他们。而虚构的民族共同体正可填满这一空白。"而现代性所带来的抽象化和一元化使传统社会结构被打破，整个社会由时间型向空间型社会转变，在事实上也使人们形成了种种抽象的非个人的联系。因此，客观事实为这种主观愿望提供了坚实的基础。虽然如此，英国历史学家霍布斯鲍姆的这一论断仍然显得稍微不足，未能解释个人本身为什么会对民族有这么大的心理需求以至于将民族作为最高的信仰对象。

如果要解释民族主义为什么在现代会获得普通民众的普遍信仰以及为什么会呈现如此的暴烈性质，这就需要借助心理学的分析。

亚里士多德在《政治学》卷一中说道：人在本质上是社会性动物，那些生来就缺乏社会性的个体，要么是低级动物要么就是超人。社会实际上是先于个体而存在的。不能在社会中生活的个体，或者因为自我满足而无需参与社会生活的个体，不是野兽就是神祇。个人作为社会中的一员，有着两种属性——动物自我和精神自我，人们必须在精神自我上保持平衡，也就是说每个人的自我肯定必须和他所看到的现实相符合。正如艾伯特·卡穆斯这位存在主义哲学家所说，人是这样一种动物，他们毕生都在努力使自己相信其存在不是荒谬的。人们必须相信自己是正确的，必须肯定自己。这和渴了就要喝水一样，只不过这种内驱力产生于认知上的不适而不是生理上的需要。"人想要使生命有意义，他想要在他所处的环境下达到他所能达到的（或以为能达到的）最适当的力量与强度。"社会学家和心理学家指出，当一个人在心理上同时持有两种不一致的认知（思想、态度、信念、意见）时，就会产生紧张状态，称之为"认知不协调"。这种紧张状态必须通过某种手段得到消除。

现代化带来的社会的快速变化使得整个社会的焦虑感和不适感普遍上升，因为一个快速变化的社会给人们提出了更多更高的要求，从而带来更多的挫折感。

人们需要重新肯定自己，此时，民族主义提供了有效的替代品。人们通过把自己置身于一个大得多的权威之中，满足了自己的自恋心理。"他通过使自己成为群体的一部分，通过使群体内化，将自己与群体等同起来，这样，就可以增强和提高自己的地位。他的能量由此得到加强，他的战斗充满着一种对权力的感情，这种权力是从集体的权力中产生的。"

通过把民族想象为一个生命体，具有某种精神，人们把自己同民族进行置换，从而满足了自己的精神需要，这样，把民族置于至高无上的地位实际上也就等于把自己置于至高无上的地位。在这种情况下，通过认为民族拥有对个人的决定权从而轻视个人利益和自我迷恋其实是一枚硬币的两面。

民族主义在某种程度上说只是扩大的自恋而已，正是在这点意义上，英国社会学家欧内斯特·盖尔纳认为民族主义是一个社会的自我崇拜。也正是由于如此，这种民众心目中的民族主义也就更具有破坏性。由于把本民族的价值和利益置于最高地位，就赋予了它——连带自己——以完美人格，所以对这个完美人格的任何攻击都更加不能容忍。"他不仅使自己成为群体的组成部分，而且他可以通过为了群体的事业而放弃个人要求来使自己更充分地成为群体的组成部分——通过群体目标和权力的内化以及将自己内化于这个群体，群体就成为仅仅是他自己个性的一种延伸。在这种条件下，对于群体的威胁就会触及他人格的核心"。在这种情况下，私人可以容让的东西对于民族来说就是万万不可的事情。

法国社会学家涂尔干说过，一个社会总会以一种隐蔽的方式来崇拜自身。他虽然指的是宗教，但是随着民族国家代替了宗教成为一个国家的全民信仰，我们有时可以看出，对于某些人乃至很多人来说，民族主义只不过是扩大的自恋。在那么多对其他国家的攻击和侮辱之中，未尝没有自卑和现实生活中挫折的存在。在极端的民族主义情绪中，把其他国家的人民不是看作一个个独立的人的存在，而是视为一个整体而漠视他们作为人的权利。

国家的视角：

在国家的视角下可以包括两层内容。

第一，随着中世纪向现代世界的发展，为了在现代社会所引发的残酷的竞争中生存下来，每一个政治单位都必须追求更复杂、更有效的组织方法，为了更有效率的竞争，每一个政治单位都必须获取比以前由宗教和传统所能提供的更多的合法性。任何一个政治单位对这种合法性的获得就激发了该政治单位的效率，也更加加深了无政府逻辑这一国际关系政治领域深层结构的塑造作用，反过来引起了肯尼斯·华尔兹所说的社会化，每一个国家现在都必须为更多的合法性而努力了。而现代政治单位获得合法性基本是依靠两条途径：民族主义和民主。也就是说，在无政府逻辑之下，国家为了追求对主权的控制（这关乎生存），通过"社会化"，而同民族主义形成了一个循环。

第二，有些学者提到了民主和民族主义之间的相关性。随着民主化浪潮在全球的传播，国家从来未有如此依赖每个公民的支持，任何不是建立在民主——即使只是声称民主——基础上的政权都丧失了合法性。正是由于如此，霍布斯鲍姆说："在一个愈来愈民主的时代，政府官员不能再依靠传统社会阶级较低的人服从阶级较高的人稳定秩序，也不能再依靠传统宗教来确保社会服从。他们需要一个团结国民的办法，以防止颠覆和异议。'民族'是各个国家的新公民宗教。"有的学者认为国家故意简化口号以吸引大众。有些学者认为由于民族主义是当代所有意识形态中最不依赖繁琐理论的意识形态，因而最容易被没有受过理论训练的普通人所接受。

民族主义在相当程度上充当了安全阀。当一个国家由于种种原因——民主、阶级冲突等——内部持续紧张的时候，通常也是一个国家民族主义情绪高涨的时候。把世界划分成我们和他们，与外界的冲突都有助于划定本群体的界限和价值，提醒本群体的成员保持一定的团结降低内部冲突。就这样，"社会提供了一种引导不满和敌意的机制——这种制度提供转移敌对感情的替代物，同样也是发泄侵略性倾向的替代物。""安全阀制度引起行动者的目标转移：他的目标不再是对不满情形的解决，而只是发泄出由它引起的紧张。"这样的情况随处可见，例如，丘吉尔在《世界危机》一书中就说道，第一次世界大战的后果之一就是："由于战争，和平时期的社会结构已被取代，新的生活已重新建立起来。……由于敌意的压力和共同目标的存在，使得人、阶级和民族之间的团结和友谊成为可能并得到加强"。

由于民族主义往往是对内部冲突的替代品，其内容往往是因为一方或双方发泄紧张的需要而产生的，是非现实的。所以民族主义的诉求往往显得简单和模糊，倒也不是故意所为，而是本质使然。

无论是从知识分子的理论推导，还是大众的心理需求、国家的治国需要以及社会的自我保护来说，民族这一抽象的想象就是在这种复合的过程中被推导出来的。但是这一推导的过程，无论是在理论上还是在实践上被推导到极致的话，它们最终都导向一个方向，即把民族看作最高的价值，把世界划分成我们和他们，最终给予民族神的地位。

讲了这么一大堆晦涩的理论，无非是想让大家了解民族主义在诞生之初就是一柄双刃剑，既可以伤敌也可以伤己，运用之道，全在于火候与分寸的拿捏。拿捏得好，是有效团结社会各阶层的粘合剂，拿捏不好，就是搬起石头砸了自己的脚。而德国在正反两方面都做出了榜样。

德国统一本身就是民族主义的产物。反抗拿破仑的战争激发了德意志的民族意识，而经济的融合又刺激了统一的渴望。完全的独立主权国家成为满足"民族自决"的唯一形式。以至于俾斯麦作为一个忠实的普鲁士主义者，在认清这股大潮不可阻挡后，也从最初反对德意志统一转而极力推动德意志的统一。而与俾斯麦同为帝国双璧之一的毛奇则从一开始就是一个德意志民族主义者，早在1841年，他就在《德意志季刊》发表的一篇文章中从纯军事角度指出，德意志各民族应联合起来。他从丹麦陆军跳槽到普鲁士陆军，与其所具有的德意志民族的整体意识是分不开的。

在德国统一后，民族主义的负面作用开始显现。国力的迅速增强导致德意志民族的自我意识膨胀，德国人，包括最底层的产业工人在内对"德意志"这个民族概念都已经产生了一种强烈的认同感，对自己国家的崛起则有一种自豪感，随之而来的是沙文主义观念越来越重。而带有沙文主义色彩的民族主义又突出了国际关系中竞争性的一面。更加雪上加霜的是，俾斯麦的专制与保守（他习惯于计算力量，不习惯于计算观念；习惯于计算穿军官制服的势力，不习惯于计算穿文官制服的势力）导致他对于德国民众参与国内政治事务的热情采取一种打压的态度（在英国这种民主程度较高的社会中，民众的政治参与热情多多少少被其对国内事务的参与所减缓），以至于人们的政治参与只能落实在对政府外交政策的批评上面。

这里需要说明的是，俾斯麦追求的是一种"有效政治"，强力而高效，但缺乏可持续性，毕竟不能把希望寄托在每一代都出现政治强人上。而英、美的政治更近似于一种"妥协政治"，各方协商，决策效率不太高，但稳定性较好，这也是英、美体制可以历经数百年没有大动荡的制度因素。相比之下，激进的德、法就表现得大起大落。俾斯麦掌权时由于其灵活的手腕与巨大的威望，尚能排除民意对外交政策的干扰。而他的继任者二者都不具备，以至于不得不被民意牵着走（俾斯麦对于德意志就好比一副非常好的眼镜适合于一个近视眼，近视的人有这样一副眼镜是种幸运，不幸的是当他摘掉眼镜时就无法看清方向）。

陶醉于强大国力中的德国民众急切地要向世界证明自己的力量，不断要求更强硬的外交立场、更多更强大的陆军和海军、兼并更多的殖民地、羞辱更多的"敌对"国家（殊不知侮辱一个强国又不解除它的武装是一件最危险的事）。1891年成立的极端民族主义组织"泛德意志协会"主张所有德意志民族形成一个大的德意志国家，指出1871年德国的统一只是大德意志道路上的短暂停顿，同时也鼓吹以战争手段解决德意志民族的"生存空间"问题。而此时距俾斯麦被解除首相职务还不到一年（具有讽刺意味的是，1870年以后的俾斯麦多次谈到自己是一个欧洲人，在公开讲话中向来不以一个德意志民族主义者的面目出现，也从不认为只有自己国家的人民才有权利，这大概就是智者和愚氓的区别吧）。

这样一种社会氛围一旦形成，就会产生强大的选择效应，即只有那些与之相符合的政治主张才可以盛行，而那些与之相悖甚至对立的主张则遭到压制。而当这种民族主义以"爱国主义"的面目表现出来时，这种选择效应就更为强大。就像一位泛德意志主义的领导人所说的："我们不会问：'你是不是保守派？你是不是自由派？'我们也不问：'你是新教徒还是天主教徒？'我们只问：'你是德国人吗？'"一旦"爱国主义"变成了一种直接诉诸民意的、要求人人表态的政治风向，它又在"泛德意志协会"、"德意志殖民协会"等极端组织的鼓吹下，越来越与赞同对外强硬、赞同对外扩张等同起来。任何公开主张与外国，特别是英国妥协或是主张放慢海外扩张步伐的个人或团体，都有可能被贴上"叛徒"或"软弱分子"的标签。在这种情况下，各派政治力量如果不想政治自杀，就必须对这种倾向进行一定的迎合。如当时西方国家最大的马克思主义政党——德国社会民主党，虽然一贯反对战争与对外扩张，但在这样的氛围下也承受着越来越大的压力。社民党的基层——产业工人的阶级意识和民族意识同时在上升，"爱国主义"在工人中的市场在不断扩大。德国社民党领导人倍倍尔被迫多次辩解，强调社会民主党不是不爱国，而且在危急中会坚决支持祖国。

1898 年，俾斯麦辞世。他生前绝不会想到，他在世时，皇帝反对他，军队反对他，议会反对他，民众反对他，他去世后却倍享哀荣，成为德国迈向强大的象征，而且迅速被英雄化、偶像化，完成了由人到神的转变。一个伟人或者政治强人身后往往会留下政治真空。这种真空不仅体现在现实的权力方面，也体现在人的思想观念中。对于一个处于崛起阶段的大国来说，一位曾领导国家走向强盛的伟人的离去，人们对他的怀念往往趋于理想化。伟人所推行的政策，特别是对外政策中的强硬成分往往会被记住，所作的迂回和妥协则被有意无意地忽视，从而成为整个民族一部分的精神依托，也成为向现政府发泄不满的依据。俾斯麦去世后，德意志民族心理上的这种"后伟人效应"体现得极为充分。俾斯麦在统一中所花费的巨大心血被简化为进行三次王朝战争的"决心"，而统一后为德国争取的有利外部环境又被简化为坚持一条"强硬路线"，其他无数的妥协、达到目标前的隐忍以及细致而又灵活的谋划则被统统忽略了。

即使是俾斯麦的政治遗言——个人回忆录《思考与回忆》的公开出版也未能改变这一切。俾斯麦在这本书中极力提醒德国人关注由于德国强大带来的巨大隐患，极力强调谨慎，但是德国的政府和民众似乎都对此视而不见。德国民众的选择性记忆使得他们只记住了俾斯麦政策中的"铁和血"。如当时德国媒体和民众在表述应该对外强硬时反复引用的俾斯麦的一句话，"在这个世界上，我们德国人除了上帝以外，谁也不怕。"其实这句话并没有完，下面还有半句话："正因为这种对上帝的敬畏，使我们珍爱并维护和平。"但在舆论的误导下，大多数德国民众只知道上半句话，而不知道被裁剪掉的下半句话。所以，在德国民众对俾斯麦怀念和崇拜的表象下，俾斯麦的政治遗产却越来越偏离他的本意，成为"强硬路线"和"不惜动用武力"的代名词，成为德国民意中"强硬偏好"的一个重要来源和依据，也成为各个政党、利益集团和普通民众抨击政府的有力武器。但在国际关系中，妥协与挫折实属正常。而妥协与挫折反过来又进一步刺激了德国民意对"政府软弱"的指责。更加不幸的是，德国的政治体制对于疏导和利用民众的政治能量、应对大众的政治诉求又缺乏有效的渠道和手段。在越来越强大的民意压力下，德国政府在外交政策方面本已十分狭小的选择空间被进一步压缩，只能在"强硬"的道路上越走越远。

德国首相贝斯曼·霍尔威格在1913年曾如此太迟地意识到德国外交政策的弊端："向各方挑战，以此挡住各方之去路，实际却无法削弱任何一方。行为无的放矢，需求无助于声望之成就，讨好任何当今之民意。"他很贴切地指出："现今战争威胁出于弱势政府遭逢强势民族主义运动之诸国内政。"

于是时人如此评论德国的外交政策："当（在会议桌上）发生争论时，德国总是在开口前把一支左轮手枪摆在桌面上，结果使别的国家望而生畏，联合起来对付它。"

"德国人只记得完成统一大业的三场战争，却忘记在事前曾费尽多少心血做准备工夫以及在成功后必须改持稳当温和的路线。他们只看到耀武扬威的一面，却未能对成功背后的基础明察秋毫。"（基辛格语）

德国崛起的再思考

自从央视《大国崛起》系列片热播以来，"大国崛起"就变成了一个时髦的热词，却很少有人去深究"大国"的概念是什么？在中外的语境中，大国的含义是不同的。在中国文化中，大国当然有疆域、实力的含义，但也有着文化上的强大的含义，所谓"泱泱大国"（典出《左传·襄公二十九年》：美哉，泱泱乎！大风也哉！表东海者，其大公平！国未可量也！）。而我们翻译的所谓西方的大国概念，原文是 Great Power，直译就是"伟大的权力"，引申出来应该是"强权国家"之意，更多的是一种力量观，即将本国意志强加给他国的能力，用宋太祖回答南唐使者的那句话说，就是"卧榻之侧，岂容他人酣睡哉？"。从这个意义上说，一个不能参与国际规则制定，不能影响国际政治格局的国家是不能称为"大国"的。如果按照中国的大国观，晚清是个不折不扣的大国，日本不过是蕞尔小国。但按照西方的大国观，甲午战争取胜后的日本才是大国，因为晚清虽大而不强，日本虽不大而强。国内翻译的一些著名的分析国际政治的著作，如保罗·肯尼迪的代表作《大国的兴衰》（The Rise and Fall of The Great Power）、米尔斯海默的代表作《大国政治的悲剧》（The Tragedy of Great Power Politics），其实书名翻译得并不准确，有误导之嫌（当然这么翻译有着习惯上和现实上的考虑）。

对西方所谓大国概念的澄清，有助于我们理解德国统一后所执行的对外政策及其指导思想。俾斯麦对世界政治格局的认识早就浓缩在他 1868 年说的一句话中，"弱国终被强国吞噬"。但他自己的胃口，在普丹、普奥、普法三场战争后已经得到满足，他感觉统一后的德国是一个"心满意足"的国家。他的外交理念自此之后不是扩张，而是团结。俾斯麦的外交政策关注三个基本点：德意志帝国的地位；欧洲各国的威胁；列强之间的冲突。他竭尽全力防止出现几个强国间的联盟抗衡德意志帝国的可能。为了争取足够的时间与和平，使新德国保持稳定（用今天的话说就是有一个和平的发展环境），他企图抑制法国国力的发展，使法国无力发动复仇之战。俾斯麦有言："必须勒死法兰西，否则即便它化为灰烬还是会死灰复燃的。"在普、法战争中使法军蒙受奇耻大辱的普军总参谋长毛奇则警告说："我们在半年之中用利剑赢得的东西，必须在今后半个世纪用它来捍卫。"针锋相对的是，法国共和党人的领袖甘必大则说："永远不要抛弃它们（阿尔萨斯—洛林）！永远不要忘记它们！"

俾斯麦并未对法国实施经常不断的威胁，只准备切断法国与友邦或支持者之间的关系，以便间接打击令德国困扰的法国的快速复苏（法国在国际银行家的帮助下两年之内就还清了 50 亿金法郎的赔款）。俾斯麦首先拉拢奥匈帝国与俄国，使它们与德国结成同盟；同时努力促成巴尔干半岛的和平，以缓解俄、奥之间的冲突。有好几年时间，他的政策是，在欧洲外交上，不对任何一方作出承诺，仅做一名"诚实的经纪人"。在三国同盟被 1877 年的俄土战争冲得支离破碎后，俾斯麦不顾威廉一世的反对，与奥匈帝国在 1879 年订立了防卫联盟。但为了拉住俄国，避免其与法国接近，1881 年俾斯麦又以巧妙的外交手段，使得俄、奥、德三国建立了"三帝同盟"，让德国重新获得了主动。虽然该同盟在 1887 年废止，德国与俄国之间的关系，则以秘密签订的"双重保障条约"作为补偿，并获加强。经由该约，两国同意除非德国攻击法国，或俄国攻击奥匈帝国的情形发生，双方各自与第三国交战时，彼此将保持善意的中立。通过这两次巧妙的、具有惊人欺瞒效果的外交运作，俾斯麦成功避免了当时迫在眉睫的俄、法联盟。

同时，德、奥之间的结盟，由于 1882 年意大利的加入而扩大（不要忘记意、奥之间还存在着领土争端）。其结盟的目的是：如果德国与俄国作战，可以提防俄国从背后暗算奥匈帝国；意大利如遭法国攻击。德、奥将出兵相助。对于英国，俾斯麦的政策是鼓励英、法之间的不和，比如在英、法争夺埃及的斗争中支持英国。于是到了19世纪80年代末，俾斯麦已经为德国构建起一个相当有利的战略态势，德国最大的对手法国则被驱入一个孤独而局限的政治隔离圈内。当然，俾斯麦也没有忘记给法国指一条路。为了转移法国对阿尔萨斯—洛林的注意力，俾斯麦刻意推动法国积极开展海外殖民活动，为的是让法国和英国去争个你死我活。果然，法国在东南亚和非洲的殖民扩张中与英国斗得不可开交，在突尼斯又和意大利剑拔弩张。法国也因此不能在对德复仇战争中获得英、意两国的援助，这正中俾斯麦的下怀。

但是，俾斯麦造成的错综复杂的外交格局最终被他亲手掀起的时代大潮所冲破。当新皇威廉二世把这位老臣看做旧时代的产物，视之为对德国表现其威力的阻碍的时候，他解除了这位老臣的职务。俾斯麦所采取的政策大体是一心一意在欧洲经营，行事低调以巩固原有的胜利果实，避免太过张扬而引起他国妒恨。对于渴望荣誉的威廉二世来说，这种政策无疑不能使人满足。他罢免了这位功高镇主的老臣，转而采取了所谓的世界政策。他的顾问们则充分地利用了皇帝的这种野心，冲破了俾斯麦设下的界限，他们为的是把人们的注意力从国内的困难——工业和农业利益集团的冲突，人民对专制政治不断上升的不满——转移开去。每一个利益集团都被收买了，普通人民被帝国的荣耀所迷惑，德国政府用建造一支规模巨大海军的方法吸引了工业家和中产阶级，用关税壁垒来取悦容克地主。

俾斯麦牢骚满腹地撰写回忆录去了，书中对威廉二世颇有不敬。但威廉二世顾不上理他，年轻的皇帝找来卡普里维伯爵和其他助手辅佐，他们开始兴高采烈地丢弃支撑德国安全的保卫手段和预防措施。

1890年3月18日，威廉二世召集手下的高级官员，向他们宣布俾斯麦的继任人选，新帝国首相兼普鲁士首相为步兵将军格奥尔格·列奥·冯·卡普里维。在这之前，他曾任帝国海军大臣，又曾担任驻汉诺威的第 10 军团司令。卡普里维时年 59 岁，是一名典型的普鲁士官员，他过着斯巴达式的生活，从未结过婚，也不吸烟，没有什么朋友，也没有敌人。他熟读历史，会说一口流利的英语。他情绪平和，性格和善，对人友好，语言明晰，有一颗硕大的圆脑袋，胡子总是刮得很干净。《时代月报》这样告诉其读者："他是一条典型的条顿大汉，能给人留下深刻印象的那种，他很可能被认为是俾斯麦的一个兄弟，甚至可能就是俾斯麦本人。"

卡普里维虽然出身贵族，名下却没有一分土地，几十年来只靠在军队中的薪金度日。他生于 1831 年，直系血亲中含有意大利、斯拉夫以及匈牙利和普鲁士人的血液，只是近年才获得代表贵族的称号"冯"。1849 年，在他 18 岁的时候，他走进了军营，之后，他稳步上升，而且作为军事管理人员，他给大家留下了良好的声誉。1882 年，他继阿尔布莱希特·冯·施托什将军掌管德国海军。卡普里维对海军事务没有兴趣，甚至不知道手下军官的名字，也不认得他们穿的制服的样式和军衔上的徽章，但他还是接受了这项任命，并且在这一岗位上工作了 6 年之久。由于确信对俄罗斯和法国的两线战争正在临近（俾斯麦从未把与俄罗斯签订的"双重保障条约"告诉给海军大臣而自找麻烦），卡普里维选择用鱼雷艇作为最得手、也是花费最少的武器来对付俄罗斯和法国海军。威廉二世不喜欢乘坐鱼雷艇。他不希望在考兹（英国港口）与其外祖母（维多利亚女王）的由战列舰组成的海军舰队会面时，自己乘坐寒酸之极的鱼雷艇，他对海军部的做法横加指责。1888 年 7 月，卡普里维在一片反对声中辞职，又回到了陆军。

俾斯麦的被解职，暗示着新皇帝不愿意大权旁落。既然是威廉二世打算自己来选首相，那么，他为什么还选择一位将军呢？为什么卡普里维，一个离开了海军的人，摆明了不喜欢皇帝的干涉的人，能够接受这项任命呢？威廉二世的理由是实用主义的，他需要时间来巩固他的政权，需要一个有荣誉感但没有野心的首相来掌管政府。在国会中，军队是最为强大的一股力量，因而，新首相必须出身军界，卡普里维是将军中最有政治经验的，而且在任海军大臣之时，他已经在国会议员面前出场多次了。如果说他很固执，那么也可以说他很忠诚，没有人希望新首相在任的时间长一些，新上任的陆军总参谋长瓦德西就一心想成为首相，但他并不嫉妒卡普里维。"首先，作为俾斯麦的继任者，他必须得相信自己才行。"他确定地对一个朋友说："或许，一个人必须能听得进去劝告。"卡普里维能够成为首相的原因很简单，他的普鲁士国王能够指挥得动他。一次，在路过首相府的时候（那时候俾斯麦还在里面）卡普里维问身边的一位朋友："是什么样的蠢驴能接俾斯麦的班呢？"卡普里维是不愿意离开军队的，在汉诺威与手下军官度过的最后一个晚上，他告诉大家："我很清楚自己可能被弄得灰头土脸，我下台的时候一定会声名扫地的。"

卡普里维刚刚上任之时，似乎看起来所有人对他都很满意，甚至俾斯麦也表示了某种程度上的认可："如果这时候有什么对我来说能减缓一下专制气氛，那就说明，事实上你就可以接我的班了。"这是俾斯麦在离开威廉大街时对卡普里维说的话，而威廉二世1890年圣诞节在写给维多利亚女王的信中提道："我同卡普里维相处得很好。他能被朋友们崇敬，也能受到对手的尊重。我想，他是拥有最好品行的德国人之一。"在致弗兰茨·约瑟夫皇帝的信中，威廉是这样提及他的新首相的："他是继俾斯麦之后，我们拥有的最伟大的德国人，对我绝对忠诚，只是性格上比较执拗。"在政治方面，皇帝把自己放在卡普里维之后，"如果首相想让谁离开的话，……，那么这个人必须马上离开，即使我喜欢他也没用。"

卡普里维管理政府方面体现的风格与俾斯麦截然不同，他的目标是："领导国家回到那个每天都有伟人出现，或者伟大的事情发生的时代。"在俾斯麦时期的国会里，各种人、包括性格倔强的人基本上都在围绕"铁腕"首相俾斯麦一个人在转。多年后，俾斯麦织就了一张包括普鲁士各部大臣、官员和外交使节以及这位独裁者的下属的"关系网"，所有的人都为贯彻他的意志而存在。现在，俾斯麦的突然离去，使这部庞大的国家机器失去了平衡。在俾斯麦倒台后，德国驻阿尔萨斯总督霍恩洛厄亲王在第一次回柏林之时曾评论道："在以前，独立性的政治家在俾斯麦的专制统治下都失去了灵性，而现在，每个人都意识到了自己的价值，他们就像充满了水的海绵都在愈发膨胀了。"

卡普里维本人没有参加任何党派，在任海军大臣时，他就对国会中的所有党派都表示友好，现在他成了首相，则采取了更为适度的方法来安抚各党派。俾斯麦在任之时曾把国会中的人物分成若干类，如"国会中的朋友"和"国会中的敌人"，等等，而卡普里维根本看不惯这些，他向国会中的代表人物承诺"无论（议员们）从哪儿来，何时来，（我）都能友好地接待"。新首相解除了俾斯麦翻出的 1852 年的那条禁止国王与大臣们之间直接接触的禁令，作为首相的卡普里维不再要求出席皇帝与大臣们谈话现场的权力，他甚至希望帝国的各位大臣和普鲁士的各级官员们能向西方国家开内阁会议一样坐在一起，共同商讨事情并对国家大政做出决策。

卡普里维在首相办公厅的有意作为给很多政府官员带来了强烈冲击，他们更习惯于俾斯麦的口是心非的管理模式。卡普里维试图倡导坦率之风，使管理方式更加简单化。他的率真和耿直的性格倒是有很多例证，拿办公事来说，他通知外交部有事情的话，请于下午 5 点后再找他，只有在紧急状态下除外。几个月后，卡普里维又宣布，他每天将工作至晚上 10 点，有经验的官员们听后则暗自窃笑。卡普里维对帝国政府的日常工作的不熟悉导致比延长工作时间更为严重的后果，他对德国与列强的关系一无所知，在外交场合根本不会用职业性的语言与他人交流。步兵将军出身的卡普里维，忠诚木讷，无论什么事情都想用最简单、直白的观点去处理，外交部的官员都瞧不起他。一位德国外交部官员声称："卡普里维除了军事上的事情外，绝对是个无知的傻瓜。"外交部政策司的一名顾问阿尔弗雷德·冯·凯德恩—沃茨勒则说得要委婉一些，"一匹战马只有拉出门外，才能表现得更加优越，而不是让它待在马厩。"

显然外交上愚钝的卡普里维既无法理解也无法操作俾斯麦错综复杂的国际政策。所以俾斯麦之后的德国外交政策简单而直白，却是愚蠢而致命。德

▼ 柏林的俾斯麦
纪念雕像

国一方面与法国的争执保持公开、不变，另一方面却丢弃了与俄国签订的"双重保障条约"，后来又开始与英国展开海军竞赛。这两个愚蠢的决定随着岁月的推延而缓慢地发酵，到了一定的时候终将变成一杯苦酒。

毁弃与俄国的条约的原因，据说是因为卡普里维伯爵承认自己缺少俾斯麦那种可同时"在空中玩八个球的能耐"，对德、奥、俄三国之间错综复杂的关系以及这三国与英国的微妙互动关系无法把握，因此只能推行一种相对简单的外交政策；第二个原因是想要向奥匈帝国保证德、奥同盟是德国的第一要务，而俄国和奥匈帝国在巴尔干问题上的敌对被认为威胁到了德、奥同盟；三是他们想和英国结盟，但英、俄因为诸多问题处于敌对状态，德、俄之间的条约被视为结盟的障碍。

问题的关键是，俾斯麦政策的原意在于使英、俄、奥、意、法互相牵制，德国居中调解，使哪一国都不至于不再需要德国，德国既可从中获利，又可确保欧洲大陆大致和平与德国的国家安全。这个政策靠的就是模糊化，此时简明扼要的外交政策反而是一剂毒药。

而第二种考虑完全多余。奥匈帝国不可能做出对德国有害之事。在欧陆势力之中，除了德国，奥匈帝国最多还能选择英国和法国（与俄国的巴尔干之争难以调和）。英、奥结盟无关德国紧要，如果法、奥同盟，奥匈帝国就会受到英国、德国、意大利、俄罗斯四重压力，想必奥国皇帝不会出此下策。况且一旦俄国同奥国发生冲突，限于地理条件，法国也不能提供直接的军事援助。

至于第三种考虑则完全流于空想。俾斯麦之后的德国外交决策者尝试与英国正式结盟以减少海外扩张的阻力，却不管英国有无这样的现实需要和是否符合英国的外交传统。英国一直以来奉行"光荣孤立"的政策，不愿意在欧洲外交情势明朗前就缔结针对未来不确定因素的盟约，而当时的形势实在看不出来英国有何迫切的政治和军事需要同德国结成一个违反其传统的同盟。事实上，后来当德国外交人员向英国列举不与德国同盟的坏处时，英国的外交官（索尔兹伯里）答复如下，英国从来不是依靠盟邦获得拯救，拿破仑陈兵英吉利海峡的时候，盟友在何处？

总而言之，德国拒绝延长与俄国的"双重保障条约"，等于是把德国对外关系的一根支轴给抽走了。德、俄、奥三国间之所以能长时期保持和平，靠的就是德国既和奥匈帝国有军事同盟，又和俄国有秘密协约的暧昧关系所导致的外交制衡。俄、德两国在两百年来一直保持着友好关系，虽然俄国对普鲁士从一个受俄国庇护的弱国成长为欧洲大陆首屈一指的强国抱有一丝嫉妒和不快，但总的来说，俄、德两国并无根本的利害冲突。相反，俄国与奥匈帝国倒是不共戴天，奥匈帝国对巴尔干斯拉夫地区的扩张，挑战了俄国泛斯拉夫主义旗手和斯拉夫人保护者的虚荣心，而俄国鼓动的泛斯拉夫主义浪潮则使得奥匈帝国境内的斯拉夫民族人心思变，危及奥匈帝国的生存。因此，俄、奥矛盾是不可调和的。俾斯麦之后的德国外交决策者，轻率地采取了对奥一边倒的政策，迫使俄国与法国接近，而德、法之间的矛盾又是不可调和的。这样，虽然俄、德两国并无重大的地缘政治、经济和殖民地冲突，却均受制于本国的盟国而互相对立。

而德国向英国寻求结盟的愿望，则由于威廉二世"求爱方式"的简单粗暴，适得其反。

"对德国来说脱离俄国容易，但疏远英国是长得多的过程。必须陆续取消如此之多的支柱与纽带。"大英帝国首相丘吉尔在《第一次世界大战回忆录》中如是说，接着他列举了19世纪末种种英德接近的理由，如英国对俄国亚洲意图的猜疑，对法国侵略的历史回忆和在殖民地上的纠纷，德国与英国密切的商务关系，两国皇室的姻亲关系——所有这一切构成了英帝国与德国之间的深远联系。英国并不反对德国的殖民行动，丘吉尔特别指出这点。

事实上，在威廉二世即位后的十数年内，英国三次提出要同德国达成非正式的协议安排，"一种英、德政府就双方共同关切之要点问题或世界上特定地区可采行政策之谅解"。而德国却轻易地加以拒绝。

德国不是一向都主张与英国结盟，为何却做此叶公好龙之态呢？基辛格在《大外交》一书中痛斥这一时期德国外交的笨拙。他分析道，威廉二世最渴望的是国际间承认德国的重要地位尤其是实力。他企图推行所谓世界政策，却从未深究这个世界政策到底是什么意思，与德国的国家利益又有何关系。"以狂妄的言词掩饰内在的空洞，以大言不惭模糊内心的胆怯和缺乏方向感。……即使德国的政策不是如此不智且不负责任，要使德国这个巨人融入当时的国际架构仍是相当艰巨的工程。更何况德皇的个性与德国内政体制相激励的结果，根本无法产生明智负责的政策，反而是任性而为，适得其反，使德国素来恐惧的后果弄假成真。"

简而言之，德皇只想得到与英国同盟的好处，却不愿或者不能看到节制自身实力与政策的必要——而这是同盟要维持存在德国必须承担的义务，也是均势的需要。盲目推行德国至上政策，却不明了这一政策将在实际上对德国国家利益造成何种威胁，何等短视。

德皇固然是把国际政治当成是他个人男子气概的展示，其政府体制也使德国容易自我封闭，盲目行事。说起来，那些并非因为传统而诞生的非民主国家反而容易被民意所左右，而那些已经拥有宪政民主带来的合法性的国家反而能对一时之民意具有免疫能力。俾斯麦这个老保守分子在设计新德国的政治体制的时候，虽然建立了欧洲第一个由成年男子普选产生的议会，但他也使国会无力控制政府，政府由德皇指派。如此，他可以居于德皇和国会之间，使两者互相牵制，自己从中操控。继任者不具备俾斯麦的威望与能力，于是政府大权全部落入德皇之手。俾斯麦有自我节制的美德，但威廉二世在缺乏对权力政治危险性的认识下却有无限制使用权力的倾向。而威廉二世深知自己的权力在民主时代基础不稳，他要巩固权力只能以经济增长或国家荣誉为口号。又因为国家利益的实际增长是曲折和难以快速显现的，而国家所取得的表面荣耀（如外交胜利）却清晰可辨，于是威廉二世以为以实力强加于别国最可彰显德国之荣誉，却不能看清国家荣誉与国家利益之间的区别。

说到英、德关系的破裂，真正在英、德关系上撕开一个不可愈合大口子的事态是德国的海军建设问题。俾斯麦曾竭力避免如此做，以免刺激英国。但德国国内由工业家和海军军官组成的利益集团竭尽全力想提高海军的地位和实力。这个又可以归结为军队在德国的特殊地位。出任军官职位在德国被视为通向上流社会的阶梯。由于传统的农业贵族把持着陆军，新兴的工业家阶层于是拥向海军。与英国的紧张关系有助于海军军费的增长。而皇帝的世界政策要得到执行，德国国家的威望要在全球流通，都需要一支强大的海军。两者一拍即合。

但是，英国人不会从德国国内政治的角度去看待海军问题。国际关系中常常出现的一种错误的直觉就是把别国的行为视为集中统一、事先谋划、协调一致的。一方面这反映了一种认识倾向，即人们试图将复杂和互不相关的事件压缩到一个连贯一致的模式中去，另一方面国际无政府状态使得决策者时刻警惕别人危险的预谋。这种心理习以为常之后，就会出现这样的极端事例：有一天，奥地利首相梅特涅听说俄国大使死了，他说："我不明白他为什么要那样做戏。"

英国人对此心怀焦虑，他们自问，德国人已经有了全欧洲最强大的陆军，他们为何还要建设一支足以与英国相媲美的海军。在毫无正当战争理由的情况下（德国的主权并未遭到侵犯，在海外也没有至关重要的切身利益），德国加强军备意图何在？

威廉二世本人对英国的焦虑非常迟钝，或者说，他觉得自己毫无恶意而英国做此过激反应，分明是借故生事。根据"强者获胜"的主流看法，他以为只要尽情展示德国威力，表明德国无所畏惧的气概，他国在目睹德国不可屈服之后，便会自动乖乖地来和德国交好。

威廉二世仍以为可以胁迫英国向其靠拢，开口道："朕已向英格兰明示，一旦接触我国军备，不啻自讨苦吃。或许此举已增强其愤恨，却也赢得其尊敬，由此促使其于时机到来时重开谈判，其气氛可望更和缓，结果可望更有利。"

于是德国海军建设一如既往，甚至加速。英国随即全盘重估德国外交意图，认定德国是"心腹之患"，下决心改善与"肘腋之患"法、俄的关系。"十年间，德国发挥高超的技艺促成自我隔绝，也促使往昔敌对的三个国家结成以德国为敌的联盟。"（基辛格语）

陷入国际困境的德国拼命挑起危机，以全面战争相威胁，企图迫使其中一国认识到自己会受到多么大的伤害和孤立无援而自动退出对德国的封锁和包围，这反而使得英、法、俄等国互相抱得越来越紧。威廉二世像抓住救命稻草一样紧紧抓住唯一的盟国奥匈帝国，把德、奥同盟绝对化，对奥匈帝国采取无保留的支持。而这正是俾斯麦在德、奥结盟中竭力避免的局面。俾斯麦之所以不选择与俄国单独结盟就是害怕被卷进俄国的冒险政策从而危害到德国外交的自主性，为此选择了弱势的奥匈帝国。与奥匈帝国建立密切的联盟关系，不仅是为了防止其跑到法国的阵营中去，更是为了对奥匈帝国的外交政策享有否决权，因为奥匈帝国离开了德国的支持便一事无成。正因为如此，在德、奥结盟后，俾斯麦从不肯在巴尔干的俄、奥冲突中向奥匈帝国提供帮助。他对此的解释是："假如我们帮助奥地利，俄罗斯就会变作我们不能和解的仇敌，就会与法兰西联合。"但威廉二世的政策使德国陷入了"同盟中的强者被弱者牵着走"的境地（这本是俾斯麦极力要避免的），德国军方甚至绕过了本国的外交部门给奥匈军方开出了无限的空头支票，把外交大师黎塞留"行动必须配合目的"的政治箴言抛到了九霄云外，最终被动地卷入了奥匈帝国在巴尔干的冒险政策。

此时的欧洲出现了一个奇特的外交格局，奥匈帝国的外交被塞尔维亚牵制，德国的外交被奥匈帝国牵制，俄国的外交被德国牵制，法国的外交被俄国牵制，英国的外交被法国牵制，最终欧洲的各大国统统被巴尔干局势所左右，印证了俾斯麦的预言，欧洲大国"总有一天会为了几个巴尔干的蠢货打一场欧洲大战的。"

拜俾斯麦之后德国愚蠢的外交所赐，德国崛起的进程被打断，德国又将迎来一场（确切地说是两场）战争，德国也将再次分裂。

回过头来看，其实如果不要最优解，只要满意解的话，德国是可以争取到一个安全的战略环境的。只要英、俄两国，有一国不支持法国，德国就相对安全，而这并没有大家想象得那么难。

首先说与英国的关系，国内很喜欢讲德国与英国争夺海外殖民地，其实英、法两国在殖民地上的矛盾要大得多。而且俾斯麦一直在抑制国内的极端殖民主义情绪，他曾说："我们极端殖民主义者的贪婪，大过我们所需要的，或能满足的。"其所惧者，就是与英国因海外殖民发生冲突。只要德国保持一定的克制，在满足国内部分殖民要求（毕竟德国国内的利益团体已经强大到连俾斯麦都不能忽视其殖民要求的地步了）的同时是可以避免与英国发生冲突的。聪明的办法是，在殖民地问题上鼓吹"门户开放，利益均沾"（就像美国那样，不要土地要利益），靠优质的工业品来获取市场，靠金融手段来获取原料（西班牙的殖民地"质量"是最高的，但西班牙是欧洲最落后的国家之一——从殖民地获得好处不一定非要直接占领）。至于海军竞赛更无必要，是达到英国海军规模的三分之二还是三分之一，并没有大的分别。因为一旦英、德交恶，英、法必然会结成同盟，德国海军的实力是根本无法与英、法同盟的海军实力相抗衡的。如果只是对法作战，海军基本无用，普、法战争已经证明了这一点，与其花大笔经费扩充海军，倒不如加强陆军来得实用。总之，德国是否与英国结盟并不是生死攸关的问题，关键是不让英、法结盟。不要求把英、法挑拨到刀兵相见（实际上英、法在"一战"前因为中东问题差点闹翻），至少让英国不仇视德国，这个目标并不难达到。

第六章　启示与思考

其次是俄国，德国跟俄国有什么不可调和的矛盾？俄国在巴尔干半岛扩充势力范围又威胁不到德国的安全？如果俄国真的在巴尔干坐大了，用不着德国出面，英、法就坐不住了！英、法先是跟俄国打了克里米亚战争，后来日、俄战争时英、法又明显站在日本一边，就这样，俄国都能与英、法结盟，真是不得不佩服威廉二世的外交"天才"。难怪他的叔叔英国国王爱德华七世称他为"历史上最明显的败笔"。其实稳住俄国这个盟友也并不难。对俄国农产品的进口税减一点儿，反正德国也不是靠东普鲁士的土豆和甜菜发家的，哪怕东普鲁士庄园都破产了，对德国财政也没什么大损失（当然能不能扛住利益集团的压力是对政府的考验），更妙的是，这帮破产贵族还可以提供大量的兵员；给俄国提供点儿贷款，又不至于收不回来，即使收不回来也就当花钱买平安，总比两线作战好，这个朋友你不花钱买，法国就会花钱买。孰轻孰重，一目了然。德、法冲突关键的时候拿巴尔干半岛诱惑一下俄国——善意的中立就行，本来巴尔干也不是德国的，借花献佛有何不可？

至于奥地利，只是一个战略平衡的筹码。尽管德国与奥地利有着民族上、感情上千丝万缕的联系，但国家间的关系建立在既非感情亦非原则的基础上，而是建立在维护自身利益的基础上。是雪中送炭拉一把，还是落井下石推一把，都要根据自己的国家利益而定。美国独立战争期间得到了法国至关重要的援助，双方可以说结下了鲜血凝成的战斗友谊。但在此后不久发生的英、法战争中，当法国要求与美国结盟共同对付英国时，时任美国总统的华盛顿却不顾杰斐逊等亲法派的鼓噪，以不符合美国的国家利益为由拒绝了昔日战友法国的结盟请求。如果是个人交往，拒绝对曾经帮助过自己的朋友施以援手无异于忘恩负义，但在国家交往中，对本国利益的考虑始终是放在第一位的，不应掺杂个人感情，此举无可指责。

当然，并不是说国与国之间交往只讲利益交换，不讲价值判断。

即使是弱肉强食的国际社会，也不能忽视道义的力量。国家利益重要，国家正义也重要，占据道德的制高点本身就是对自身实力的放大，否则也就不用打舆论战了。但许多时候都是鱼与熊掌不可兼得的，当软性的价值判断遇上硬性的利益衡量，往往是要被牺牲掉的。英国首相帕麦斯顿的名言"国家之间，没有永恒的朋友，也没有永恒的敌人，只有永恒的利益"，逻辑是冷的，道理是真的。真话难听也要听，只要世界格局还是以民族国家为单位，这句话就是不变的真理。在一个民族意识日益觉醒的时代，哈布斯堡帝国已经表现得越发不合时宜。帝国看似强大，实则是靠中世纪封建联姻粘合在一起的，境内民众根本没有基本的归属感和国家认同。可共富贵，不可共患难。与其绑定是没有前途的，更不要说给他陪葬。帝国内部的民族斗争已经使奥地利变成了二元制的共主邦联国家——奥匈帝国，这个古老的前民族主义时代的政治架构实际上是经不起任何风浪的，其最终瓦解不过是一个时间问题。德国要做的只是等待。内乱也好，外战也好，在奥匈帝国瓦解的那一刻，德国只需顺势一推，以德意志民族捍卫者的姿态把奥地利统治下的德意志人口和土地收入囊中，完成大德意志的统一。

匈牙利自然要独立，至于巴尔干的斯拉夫民族，尽管甩给俄罗斯好了，既满足了它的贪欲，又刺激了它与英国在黑海海峡的争夺。而俄罗斯这个对外贪婪、对内颟顸的老大帝国（俄罗斯就像一条贪吃蛇，对土地的贪婪最终会把自己撑死），内部孕育着太多的革命元素，用不了多久也将会步奥地利的后尘。此时扛起支持民族自决、民族独立的道义大旗，支持一下乌克兰人民的独立斗争，大度一些的话，让出些土地，允许波兰独立，至于爱沙尼亚、拉脱维亚、立陶宛这些小国，能独立的都支持它们独立。这些国家独立后自然要依附于德国以免受俄国侵略的二茬罪（看看波兰与俄国的世仇就知道）。即使俄罗斯复兴，要对德国造成威胁，也将面临一条漫长而宽广的隔离带。如此，德国会在可预见的将来摆脱两线作战的困境。

以美国地理位置之优越，综合实力之强大，尚需借助两次世界大战的机会登上世界霸主之位，而以德国强邻环伺之地缘环境，并不丰饶之国土资源，试图依靠冒险政策强行崛起，可谓不智。等待和克制不是软弱，激进和冲动不是勇敢。如果说德国统一后崛起的失败留下了什么教训，那就是不要做挑战的孤狼（气势威猛下场惨），应该做食腐的秃鹫（吃相难看实惠多）。

① （英）富勒：《西洋世界军事史》，中国人民解放军军事科学院，1981年版。

② （美）杜普伊：《武器和战争的演变》，军事科学出版社，1985年版。

③ 韩高润、张海麟主编，《外国名将录》，世界知识出版社，1987年版。

④ （美）保罗·肯尼迪：《大国的兴衰》，求实出版社，1988年版。

⑤ （德）瓦尔特·戈利茨：《德军总参谋部》，海南出版社、三环出版社，2004年版。

⑥ （德）艾密尔·鲁特维克：《俾斯麦》，国际文化出版公司，2005年版。

⑦ （美）汉斯·摩根索：《国家间政治：权力斗争与和平》，北京大学出版社，2006年版。

⑧ （美）米尔斯海默：《大国政治的悲剧》，上海人民出版社，2008年版。

⑨ （英）李德·哈特：《第一次世界大战战史》，上海人民出版社，2010年版。

⑩ 徐弃郁：《脆弱的崛起：大战略与德意志帝国的命运》，新华出版社，2011年版。